Y0-BGG-186

James Rizzi   Mein New York Kochbuch

MEIN

Rezepte von PETER BÜHRER

JAMES RIZZI
NEW YORK
KOCHBUCH

MARY HAHN VERLAG

Wenn nicht anders angegeben, sind alle
Rezepte für 4 Personen berechnet.

1. Auflage, November 1996
2. Auflage, Februar 1997

© 1996 by Mary Hahn Verlag in der
F. A. Herbig Verlagsbuchhandlung GmbH, München
© Illustrationen by James Rizzi
Alle Rechte vorbehalten

Lektorat/Redaktion: Gudrun Ruoff, Cornelia Kläger, Marlies Meier
Layout: Wolfgang Heinzel
Unter künstlerischer Beratung von Hermann Krause, Köln
und John Szoke, New York
Gestaltung des Schutzumschlags: James Rizzi, 1996

Litho: Repro Fuchs, Laufen
Druck und Bindung: Artegrafica, Verona
Printed in Italy
ISBN: 3-87287-432-2

What's cooking?

Schon als Junge bekam ich früh Entscheidendes der New Yorker Küche mit - im Radio … und beim Mitsingen erweiterte sich gleichzeitig mein englischer Wortschatz:

Kisses Sweeter than Wine… ✰
My Girl Lollypop… ✰ *You are my Honey Pie…* ✰
Sugar Baby, Cookie, Honey… ✰

Der genialste Song war natürlich:
Yummy, Yummy, Yummy - I got Love in my Tummy

Das war schon fast das ganze Lied, und ich kenne keinen Text der Weltliteratur (auch nicht von Woody Allen), der das Gemeinsame von Liebe und Essen so genial auf den Punkt bringt.

Man hätte auch sagen können, ich war nun aufgeklärt über die wichtigsten Dinge im Leben. Diese minimalistische Art der Aufklärung, die ja ihren Ursprung in New York hatte, wird natürlich zeitgleich auch James Rizzi in Brooklyn erfahren haben. Damit sie uns nicht verlorengeht, führte er diese wunderbare Liedzeile als Titel seiner Bilder in die Kunst ein. In diesem Buch sind sie - sozusagen als Kostproben - zum ersten Mal veröffentlicht.

Über die New Yorker Küche an sich will ich hier kein Wort verlieren - es versteht sich, daß sie, wie in jeder Weltstadt, hervorragend ist. Schon beim Lesen der Rezepte von Peter Bührer bekommt man Appetit.

Aber erst in New York habe ich gelernt, daß ein gutes Essen wie ein spannender Hollywood-Film sein sollte – also auch nie länger. So faßt man sich im Gespräch kürzer und entgeht der Gefahr des Völlegefühls und der Wiederholung.
Und ein angebrochener Abend in New York bietet noch viele Möglichkeiten...!

Ein »solitäres« Vergnügen, das Sie zu jeder Tages- und Jahreszeit in New York genießen können: ein Cappuccino – selbstverständlich col latte – in einem Café, z.B. bei Dean & Deluca in der Prince Street – und dabei die Lektüre der »Food and Beverage« Sektion einer der Tageszeitungen New Yorks. Das ist immer geistreich, witzig und unterhaltsam. Alles ist in Reichweite oder „everything goes" – die Devise der New Yorker Küche!

In diesem Sinne - viel Spaß beim Genießen!

Köln und New York, im Oktober 1996 HERMANN KRAUSE
(Kunsthändler, vertritt das künstlerische Werk
von James Rizzi in Europa)

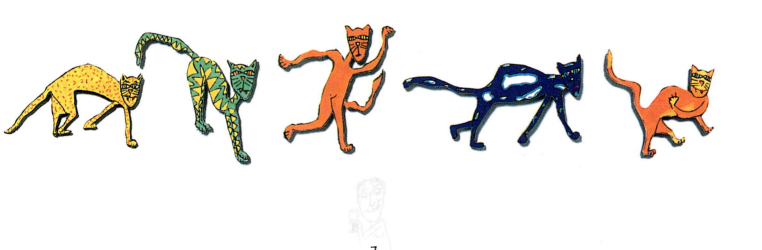

Breakfast & Brunch

„... liebe ich besonders an Wochenenden. Es sei denn, die New York Jets spielen, dann zählt nichts anderes für mich. Zu einem richtigen Brunch gehören für mich knusprige, frisch gebackene Waffeln, Berge von Pancakes und Bagels, mit und ohne geräuchertem Lachs, mürb-saftige Muffins...“

Breakfast Burritos

250 g Frühlingszwiebeln, fein gehackt · 50 g Butter

300 g rote Bohnen, gekocht oder aus der Dose

$^1/_2$ Bund frischer Koriander, fein gehackt · 12 Eier, verquirlt

100 ml Sahne · 300 g Cheddarkäse, gerieben

Salz und Pfeffer aus der Mühle

8 Tortillas (siehe Grundrezepte) · Sauerrahm nach Belieben

Die Zwiebeln in der Butter goldgelb andünsten und die Bohnen hinzufügen. Den Koriander, die Eier und die Sahne dazugeben und alles bei sanfter Hitze leicht stocken lassen.

Den Käse in die Eiermasse rühren und alles mit Salz und Pfeffer pikant würzen.

Die Tortillafladen auf einer Arbeitsfläche auslegen und die Eiermischung darauf verteilen. Die Tortillas zu Burritos aufrollen und im Ofen erhitzen. Die Burritos auf die Teller legen und mit Sauerrahm servieren.

French Toast mit Erdbeeren

Für das Erdbeerragout:

300 g Erdbeeren · Saft von $^1/_2$ Zitrone · 3 EL Wasser

70 g Gelierzucker · 50 g Zucker · 1 EL Zimtpulver

Für die Toasts:

3 Eier · 1 TL Zucker · 1 TL Bienenhonig · $^1/_2$ TL Zimtpulver

1 Vanilleschote · 8 Scheiben Toastbrot · 50 g Butter

Für das Erdbeerragout die Erbeeren putzen und halbieren. Zusammen mit dem Zitronensaft, dem Wasser und dem Gelierzucker aufkochen und 3 Minuten köcheln. Erkalten lassen. Zucker und Zimt miteinander vermischen und in einem Schälchen beiseite stellen.

Für die French Toasts die Eier verquirlen und zusammen mit Zucker, Honig und Zimt in eine Schüssel geben. Die Vanilleschote der Länge nach halbieren, das Mark herauskratzen und in die Masse rühren.

Die Ränder vom Toastbrot abschneiden. Die Toast-Scheiben in die Eiermischung legen, so daß sie völlig davon bedeckt sind und sich vollsaugen können.

Etwas von der Butter in der Pfanne schmelzen und die Brotscheiben darin auf beiden Seiten goldgelb braten. Aus der Pfanne nehmen und vor dem Servieren mit Zimtzucker bestreuen. Die restliche Butter zerlassen und mit dem Erdbeerragout dazu reichen.

French Toast
mit Bananencreme

Für die Bananencreme:

2 reife Bananen · 50 g Vollmilch-Schokolade, fein gehackt

200 ml Sahne · 90 g Zucker

Für die Toasts:

3 Eier · 180 ml Milch · 1 EL Honig

45 g brauner Zucker · 50 g Haselnüsse, fein gehackt

4 Scheiben Toastbrot · 40 g Butter · 2 EL Puderzucker

Die Bananen schälen, mit einer Gabel zerdrücken und mit der Schokolade in eine Schüssel geben. Die Sahne steifschlagen und zusammen mit dem Zucker unter das Bananenpüree mengen.

In einer großen Schüssel die Eier verquirlen, die Milch, den Honig, den braunen Zucker und die Nüsse hinzufügen und alles gut verrühren.

Von den Toastbrotscheiben die Ränder mit einem scharfen Messer abschneiden. Die Brotscheiben langsam durch die Eimasse ziehen, damit sie sich etwas vollsaugen können.

Die Butter in der Pfanne erhitzen und die Toastbrotscheiben darin auf jeder Seite in 2–3 Minuten goldgelb backen.

Aus der Pfanne nehmen, auf Küchenkrepp abtropfen lassen und zusammen mit der Bananencreme servieren. Mit Puderzucker bestäuben.

Breakfast Quesadillas

Für die Tomatensalsa:

10 reife Flaschentomaten · 1 kleine Zwiebel, fein gehackt

1 Bund Koriandergrün, fein gehackt

$^1/_2$ Msp. Kümmelpulver · $^1/_2$ TL Salz

Außerdem:

20 Scheiben Speck · 8 Eier · Salz und Pfeffer aus der Mühle

40 g Butter · 8 Tortillafladen (siehe Grundrezepte)

150 ml Guacamole-Sauce (siehe Grundrezepte)

$^1/_2$ Bund Koriandergrün

Für die Tomatensalsa die Tomaten waschen, halbieren und die Stielansätze entfernen. Die Früchte fein würfeln und in eine Schüssel geben. Die Zwiebel und das Koriandergrün daruntermischen und die Salsa mit Kümmel und Salz abschmecken.

Den Speck in Würfel schneiden und in der heißen Pfanne knusprig braten. Die Eier in eine Schüssel aufschlagen und mit Salz und Pfeffer würzen.

Die Hälfte der Butter in einer kleinen Pfanne schmelzen, die Eimasse dazugeben und unter Rühren stocken lassen.

Die restliche Butter ebenfalls zerlassen und die Tortillas damit bestreichen. Diese auf jeder Seite 1 Minute grillen. Auf jeweils einen Fladen ein Achtel von der Eimasse anrichten, mit den Speckwürfelchen bestreuen und je 2–3 Teelöffel Guacamole darauf geben.

Die Fladen zur Mitte zusammenklappen und auf beiden Seiten in der Pfanne im verbliebenen Fett je 1 Minute knusprig braten. Aus der Pfanne nehmen, auf die Teller geben, die Tomatensalsa dazu anrichten und alles mit Koriandergrün garnieren.

Bagel-Sandwich mit Räucherlachs

4 Bagel-Brötchen · 150 g Doppelrahm-Frischkäse
1 Bund Schnittlauch, in Röllchen geschnitten
180 g Räucherlachs, in Scheiben · 4 dünne Zwiebelringe

Die Bagel-Brötchen quer aufschneiden und die Schnittflächen jeweils schwach toasten. Den Frischkäse cremig rühren, den Schnittlauch dazugeben und untermischen.

Die unteren Brötchenhälften mit dem Frischkäse bestreichen, mit den Lachsscheiben belegen und die Zwiebelringe darauf verteilen. Die Brötchendeckel schräg daraufsetzen und leicht andrücken.

Überbackene Eier

100 g getrocknete Tomaten, in Öl eingelegt · 1 TL Butter
50 g Parmesan, gerieben · 2 TL gehackte Basilikumblättchen
4 große Eier (bei Zimmertemperatur)
schwarzer Pfeffer aus der Mühle

Die Tomaten grob hacken. 4 Souffléförmchen mit Butter ausstreichen. Je 1 Teelöffel Parmesan hineinstreuen, etwas Basilikum und Tomaten darauf verteilen.

1 Ei in jedes Förmchen aufschlagen, ohne daß das Eigelb dabei verletzt wird. Die Eier mit etwas schwarzem Pfeffer und dem restlichen Käse bestreuen.

Die Eier in dem auf 220 Grad vorgeheizten Ofen 4–5 Minuten garen, bis sie vollständig gestockt sind, und sofort servieren.

Eggs Benedict

8 Eier · Salz · 5 EL Weißweinessig · 4 Brioche
200 ml Sauce Hollandaise
12 Scheiben Frühstücksspeck · 4 schwarze Oliven, entsteint
4 Stengel glatte Petersilie

Die Eier vorsichtig einzeln in eine Tasse aufschlagen, ohne dabei das Eigelb zu verletzen. In einem Topf reichlich Wasser zum Kochen bringen. Die Eier sollen darin schwimmen können. Salz und Essig ins kochende Wasser geben.

Die Eier nacheinander in die knapp siedende Flüssigkeit geben und etwa 3–4 Minuten darin ziehen lassen (pochieren). Je frischer das Ei ist, desto kompakter werden die pochierten Eier. Falls das Eiweiß etwas zerläuft, dieses mit Hilfe eines Löffels im Wasser wieder zusammenschieben.

Mit einem Schaumlöffel die Eier aus dem Sud heben und auf einem Küchentuch etwas abtropfen lassen.

Die Brioche halbieren, mit den Schnittflächen nach unten in einer heißen Pfanne ohne Fett toasten. Je zwei Hälften auf einen Teller setzen. Die verlorenen Eier daraufgeben und mit der Sauce Hollandaise überziehen.

Den Speck knusprig braten und zusammen mit den Oliven auf die Eier geben. Jeweils mit einem Stengel Petersilie garnieren.

Tip: Verwenden Sie zum Pochieren frische Eier mit einem hohen Eigelb und relativ festem Eiweiß, das beim Aufschlagen nicht auseinanderläuft.

Scrambled Eggs mit grünem Spargel

500 g grüner Spargel · 5 Eier · 120 ml Sahne
20 g Butter · Salz und weißer Pfeffer aus der Mühle

Den Spargel waschen. Das untere Drittel der Spargelstangen schälen und den Spargel in etwa 10 Minuten bißfest dämpfen. Dann in 3–4 cm lange Stücke schneiden.

Für das Rührei die Eier verquirlen, die Sahne dazugießen und mit Salz und Pfeffer würzen. Die Butter in einer Pfanne erhitzen, die Eimasse hineingeben und bei schwacher Hitze etwas stocken lassen.

"EARLY TO RISE"

Die Spargelstücke dazugeben, unter das Ei mischen und nach Belieben mit Salz und Pfeffer abschmecken.

Spanish Omelett

1 grüne Paprikaschote · 3 EL Olivenöl
2 Zwiebeln, in Ringe geschnitten · 2 Knoblauchzehen, durch die Presse gedrückt · 1 Dose Pizzatomaten · 1/2 TL Zucker
1 EL glatte Petersilie, fein gehackt · 1/2 Bund Basilikum, fein gehackt · Salz und weißer Pfeffer aus der Mühle · 8 Eier
4 EL Butter · Kirschtomaten und Petersilie zum Garnieren
150 g Cheddar-Käse, gerieben

Die Paprika waschen, halbieren, putzen und in Streifen schneiden. Das Olivenöl in einer Pfanne erhitzen und die Zwiebeln, den Knoblauch und die Paprika darin andünsten.

Die Tomaten zusammen mit Zucker und Kräutern dazugeben und alles aufkochen. Mit Salz und Pfeffer pikant abschmecken.

Für die Omeletts die Eier verquirlen und mit Salz und Pfeffer würzen. Nacheinander 4 Omeletts aus der Eimasse backen. Dafür jeweils 1 Eßlöffel Butter in einer beschichteten Pfanne zerlassen und 1/4 der Eimasse darin bei schwacher Hitze unter Rühren stocken lassen. Bevor sie vollständig stockt, die Eimasse nicht mehr rühren.

Die Eimasse vom Pfannenrand lösen, als Omelett aufrollen und aus der Pfanne auf einen Teller gleiten lassen. Warm stellen, bis alle Omeletts gebacken sind.

Jeweils 1 Omelett auf einem Teller mit dem gedünsteten Gemüse anrichten. Den Käse über das Omelett streuen und mit Kirschtomaten und Petersilie garnieren. Nach Belieben mit Röstkartoffeln und Toast servieren.

Roastbeef Hash

500 g gebratenes Roastbeef · 6 mittelgroße Kartoffeln · Salz
1 rote Zwiebel · 3–4 EL Öl · 1 TL Thymian
schwarzer Pfeffer aus der Mühle · 150 ml Sahne

Das Roastbeef in Scheiben schneiden und mit einem
schweren Messer fein schneiden. Die Kartoffeln
schälen und in gesalzenem Wasser 5 Minuten
kochen. Das Wasser abschütten, und die Kartoffeln
gut abtropfen lassen.

Die Zwiebel schälen, halbieren und in Scheiben
schneiden. 3 Eßlöffel Öl erhitzen und die Kartoffeln
darin anbraten, nach 4–5 Minuten die Zwiebeln
dazugeben und mitbraten. Nach Bedarf noch etwas
Öl hinzufügen.

Das Roastbeef und den Thymian zu der Kartoffel-
Zwiebel-Mischung geben und alles mit Salz und
Pfeffer würzen. Die Sahne dazugießen, das Hash
aufkochen und weitere 4–5 Minuten köcheln lassen.
Dabei mit einer Gabel die Kartoffeln leicht zer-
drücken.

Tip: Ein sehr schmackhaftes Gericht, wird oft auch
mit pochierten Eiern serviert. Zum Süchtigwerden!!!

Apfel-Schinken-Salat

100 g getrocknete Preiselbeeren · 4 große Äpfel
Saft von $^1/_2$ Zitrone · $^1/_2$ Stange Sellerie · 1 Fenchelknolle
200 g Natur-Joghurt · 400 gekochter Schinken
250 g Cheddar · Salz und weißer Pfeffer aus der Mühle

Die Preiselbeeren in eine Schüssel geben und mit
heißem Wasser auffüllen. 15 Minuten darin einweichen. Anschließend das Einweichwasser abgießen.

Die Äpfel waschen, vierteln und das Kerngehäuse
entfernen. Die Viertel zuerst in Scheiben und dann
in Würfel schneiden. In eine Schüssel geben und
mit dem Zitronensaft beträufeln.

Die Selleriestange waschen und fein hacken. Den
Fenchel waschen, putzen und ebenfalls fein hacken.
Zu den Äpfeln geben. Alles mit dem Joghurt ver-
mischen.

Schinken und Cheddar in kleine Würfel schneiden
und mit den Preiselbeeren unter den Salat mengen.
Mit Salz und Pfeffer würzen.

Bananen-Pancakes

Für den Teig:

2 reife Bananen · 280 g Mehl · 3 TL Backpulver

1 TL Salz · 2 Eier · 50 g flüssige Butter · 50 g Zucker

300 ml Buttermilch · 600 ml Milch · Butter zum Ausbacken

Für die Bananencreme:

2 reife Bananen · 4 EL Sahnequark · 100 g Natur-Joghurt

20 g Zucker · 12 Macadamianüsse, grob gehackt

Die Bananen schälen, kleinschneiden und fein
pürieren. Das Mehl, Backpulver und Salz in einer
Schüssel mischen.

In einer zweiten Schüssel die Eier verquirlen und
die flüssige Butter, den Zucker, die Milch und die
pürierten Bananen darunterrühren.

Die Mehlmischung zur Eier-Bananen-Mischung geben und so lange rühren, bis ein dickflüssiger Teig
entsteht.

In einer kleinen beschichteten Pfanne etwas Butter
zerlassen und pro Pancake etwa 2 Eßlöffel voll Teig
hineingeben. Auf beiden Seiten goldgelb backen.

Für die Creme die Bananen schälen, klein würfeln
und mit dem Quark, dem Joghurt, dem Zucker und
den Nüssen verrühren. Zusammen mit den Pancakes
servieren.

Blaubeer-Strudel

Für die Füllung:

80 g Ricotta · 320 g Blaubeeren · 1 TL Mehl

50 g Haselnüsse, grob gehackt · Saft von 1 Zitrone

Außerdem:

100 g Strudelteig · 20 g Butter · 2 EL Sahne

Crème fraîche oder Crème double nach Belieben

Den Ricotta in eine Schüssel geben und glattrühren.
Die Blaubeeren, das Mehl, die Haselnüsse und den
Zitronensaft dazugeben und alles gut verrühren.

Den Strudelteig hauchdünn ausziehen. Die Blau-
beermasse auf dreiviertel der Teigfläche glattstrei-
chen und den Strudel aufrollen.

Auf ein bemehltes Backblech legen. Die Butter
schmelzen, etwas erkalten lassen und die Sahne
untermischen. Den Strudel mit der Buttersahne
bestreichen.

Im auf 200 Grad vorgeheizten Ofen 18–20 Minuten
backen. Während des Backens mehrmals mit der
Buttersahne bestreichen.
Aus dem Ofen nehmen und mit Crème double oder
Crème fraîche servieren.

15

Kürbiskonfitüre mit Aprikosen und Vanille

1 kg orangefarbenes Kürbisfleisch · ¼ l Wasser
300 g getrocknete Aprikosen · 800 g Gelierzucker
4 Vanilleschoten

Das gewürfelte Kürbisfleisch mit dem Wasser aufkochen. Bei schwacher Hitze zu einem dicken Püree kochen. Nach Belieben mit dem Mixstab pürieren.

Die Aprikosen in kleine Würfelchen schneiden und zusammen mit dem Gelierzucker unter das Kürbispüree mischen.

Die Vanilleschoten längs halbieren, das Mark herauskratzen und nach und nach in die Konfitüre rühren. Sofort in heiß ausgespülte Gläser füllen und diese gut verschließen.

Pflaumenkonfitüre mit Nüssen & Rosinen

1 kg Pflaumen · 100 ml Wasser · 700 g Gelierzucker
100 g Walnußkerne · 120 g Rosinen

Die Pflaumen waschen, entsteinen und kleinschneiden. Mit dem Wasser in einem großen Topf aufkochen. Den Gelierzucker dazugeben und bei schwacher Hitze 20 Minuten köcheln lassen. Mit dem Stabmixer pürieren.

Pfirsichkonfitüre mit Ingwer & Orange

1 kg reife Pfirsiche · 200 ml Wasser · 6 TL Ingwerpulver
1 kg Gelierzucker · 5 unbehandelte Orangen

Die Pfirsiche waschen, halbieren, entsteinen und kleinschneiden. Zusammen mit dem Wasser in einen großen Topf geben und alles zum Kochen bringen. 15 Minuten bei schwacher Hitze köcheln lassen.

Von dem Pfirsichsud 5 Eßlöffel abnehmen, in eine Tasse geben, den Ingwer dazugeben und alles glattrühren.

Den angerührten Ingwer mit dem Gelierzucker in den Topf zu den Pfirsichen geben und das Ganze aufkochen, weitere 15 Minuten köcheln lassen.

Die Orangen heiß abwaschen und die Schale abreiben. In die Konfitüre rühren. Sofort in vorbereitete Gläser füllen. Diese gut verschließen.

Die Walnußkerne grob hacken, zusammen mit den Rosinen in die Konfitüre geben und verrühren. Die Konfitüre heiß in vorbereitete Gläser füllen und diese gut verschließen.

Aprikosen-Cobbler

800 g Aprikosen · 1 unbehandelte Zitrone · 70 g Zucker
2 EL Honig · 50 ml Wasser · 1 TL Zimtpulver
Für die Biskuithaube:
3 Eier · 90 g Zucker · 1/2 TL Zimtpulver
1 Msp. geriebene Muskatnuß · 1/2 TL Ingwerpulver
1 Vanilleschote
2–3 Tropfen
Mandelaroma
90 g Mehl ·
1 TL Backpulver
Butter für
die Form

Die Aprikosen
waschen, hal-
bieren und ent-
steinen. Die
Zitrone heiß
abwaschen, die
Schale abrei-
ben und den
Saft auspres-
sen.

Zitronensaft
und Schale,
Zucker, Honig,
Wasser und
Zimt in einen
Topf geben
und alles auf-
kochen. Die Aprikosen dazugeben, nochmals aufkochen, dann auf Zimmertemperatur abkühlen lassen.

Für den Biskuit Eier, Zucker, Zimt, Muskatnuß
und Ingwer in eine Schüssel geben und schaumig
schlagen.

Das Innere der Vanilleschote mit dem Mandelaroma
zu der Eiermasse
geben. Die
Schüssel über
ein Wasserbad
stellen und die
Eimasse cremig
rühren. Dann in
ein kaltes Was-
serbad stellen
und kräftig
rühren, bis die
Creme kalt ist.

Das Mehl und
das Backpulver
mischen, über
die kalte Eier-
creme sieben
und vorsichtig
unter die Masse
heben.

Eine Gratinform
mit Butter aus-
streichen, die
Aprikosen ein-
füllen und mit
der Biskuitmasse abdecken. Im auf 180 Grad vorgeheizten Ofen 25–30 Min. backen. Warm servieren.

"BREAKFAST"   J. RIZZI

Erdbeer-Rhabarber-Kompott mit Zimt

700 g Rhabarber · 1 unbehandelte Zitrone
500 g Erdbeeren · 100 g Zucker · 200 ml Wasser
1 Zimtstange · 1 TL Zimtpulver · 1 Gewürznelke

Den Rhabarber schälen und in etwa 4 cm lange
Stücke schneiden. Die Zitrone heiß abwaschen und
die Schale fein abreiben. Die Erdbeeren waschen,
putzen und halbieren.

Den Zucker in einen Topf geben und bei schwacher
Hitze hellbraun karamelisieren. Den Rhabarber und
die Erdbeeren dazugeben und alles mit dem Wasser
ablöschen.

Zimtstange, Zimtpulver und die Gewürznelke hinzufügen. Alles aufkochen und 5 Minuten köcheln
lassen.

Das Kompott erkalten lassen. Die Zimtstange und
die Gewürznelke aus dem Kompott nehmen.

Butterwaffeln mit Frischkäse & Honig

Für den Teig:
130 g Butter · 2 Prisen Salz · 130 g Zucker · 3 Eier, verquirlt
300 ml Buttermilch · 300 g Mehl · 1 $\frac{1}{2}$ TL Backpulver
Außerdem:
200 g Doppelrahm-Frischkäse · 50 ml Sahne
100 g Honig

Für den Teig in einer Schüssel die Butter, das Salz
und den Zucker schaumig rühren. In einer zweiten
Schüssel die Eier und die Buttermilch verrühren.
Nach und nach unter die Buttercreme rühren. Mehl
und Backpulver darübersieben und alles zu einem
dickflüssigen Teig verarbeiten.

Das Waffeleisen vorheizen, etwa 2 Eßlöffel Teig in
das Eisen füllen und nacheinander die Waffeln darin
goldgelb backen.

Den Frischkäse mit der Sahne cremig verrühren und
zusammen mit dem Honig zu den Waffeln servieren.

Blueberry-Muffins

Ergibt etwa 12 Muffins

250 g Mehl · 1/2 TL Salz · 3 TL Backpulver

1/2 TL Zimtpulver · 1/2 TL Lebkuchengewürz

150 g Zucker · 120 g Butter · 2 Eier, verquirlt

1/4 l Milch · 140 g Blaubeeren

Außerdem:

Butter und Mehl für die Förmchen

Das Mehl, das Salz, das Backpulver, den Zimt, das Lebkuchengewürz und den Zucker in einer Schüssel mischen.

Die Butter in einem Topf schmelzen und erkalten lassen. Die verquirlten Eier und die Milch hinzufügen und verrühren.

Die Mehlmischung dazugeben und alles zu einem geschmeidigen Teig verarbeiten. Die Blaubeeren waschen, gut abtropfen lassen und unter den Teig heben.

Die Muffinförmchen mit Butter ausstreichen, mit Mehl ausstäuben und den Teig zu dreiviertel einfüllen. Das Muffinblech in den auf 200 Grad vorgeheizten Ofen schieben und die Muffins 15–18 Minuten backen.

Aus dem Ofen nehmen, die Muffins 5 Minuten in der Form erkalten lassen, dann aus den Förmchen lösen und auf dem Kuchengitter vollständig auskühlen lassen.

Zimt-Muffins

Ergibt etwa 12 Muffins

250 g Mehl · 2 TL Backpulver · 140 g brauner Zucker

1/2 TL Salz · 1/2 TL Ingwerpulver · 1 1/2 TL Zimtpulver

120 g Butter · 2 große Eier, verquirlt · 240 ml Buttermilch

Außerdem:

Butter und Mehl für die Förmchen · 50 g Haselnüsse, gemahlen · 1 TL Zimtpulver

In einer großen Schüssel das Mehl, das Backpulver, den Zucker, das Salz, das Ingwer- und Zimtpulver vermischen.

Die Butter schaumig rühren und nach und nach die beiden Eier darunterschlagen. Die Mehlmischung abwechselnd mit der Buttermilch dazugeben und alles gut verrühren.

Die Muffinförmchen mit Butter ausstreichen und mit etwas Mehl ausstäuben. Den Teig in die Förmchen füllen.

Die Haselnüsse mit dem Zimtpulver vermischen und die Oberfläche der Muffins damit bestreuen, leicht andrücken.

Die Muffins in dem auf 200 Grad vorgeheizten Ofen 15–18 Minuten backen. Aus dem Ofen nehmen, die Muffins ein paar Minuten abkühlen lassen und dann aus den Förmchen lösen. Auf einem Kuchengitter vollständig auskühlen lassen.

Ahornsirup-Muffins mit Sauerrahm

Ergibt etwa 12 Muffins
250 g Mehl · 1/2 TL Salz · 3 TL Backpulver · 140 g Butter
180 ml Ahornsirup · 1 Ei · 250 g Sauerrahm
50 g Pecannüsse, fein gehackt
Außerdem:
Butter und Mehl für die Förmchen

Das Mehl, das Salz und das Backpulver in einer Schüssel mischen. Die Butter in einer zweiten Schüssel schaumig rühren und den Ahornsirup tropfenweise mit dem Schneebesen darunterrühren.

Das Ei mit dem Sauerrahm verrühren, dann zur Buttermischung geben. Nach und nach die Mehlmischung und die Nüsse darunterarbeiten. Zu einem glatten Teig vermengen.

Die Muffinförmchem mit Butter ausstreichen und mit Mehl ausstäuben. Den Teig zu dreiviertel einfüllen und die Muffins in dem auf 200 Grad vorgeheizten Ofen 15–18 Minuten backen.

Aus dem Backofen nehmen, 5 Minuten in der Form erkalten lassen, aus den Förmchen lösen und auf einem Kuchengitter vollständig auskühlen lassen.

Bananen-Muffins

Ergibt etwa 12 Muffins
140 g Mehl · 80 g Weizenkleie · 1/2 TL Salz
60 g Pecannüsse, fein gehackt · 1 1/2 TL Backpulver
130 g Butter · 1 großes Ei · 100 g brauner Zucker
250 g reife Bananen · 1 Vanilleschote
Außerdem:
Butter und Mehl für die Förmchen

In einer Schüssel das Mehl, die Kleie, Salz, Nüsse und das Backpulver gut vermischen. Die Butter schaumig rühren, das Ei und den Zucker dazugeben und alles schaumig schlagen.

Die Bananen mit einer Gabel zerdrücken. Die Vanilleschote längs halbieren, das Mark herauskratzen und zu der Masse geben. Die Mehlmischung nach und nach darunterarbeiten.

Die Muffinförmchen mit Butter ausstreichen, mit Mehl ausstäuben und zu dreiviertel mit der Masse einfüllen. In den auf 200 Grad vorgeheizten Ofen schieben und 15–20 Minuten backen.

Aus dem Ofen nehmen. Die Muffins 5 Minuten abkühlen lassen, aus den Förmchen lösen und auf einem Kuchengitter vollständig auskühlen lassen.

Zucchini-Muffins mit Zimt & Nüssen

Ergibt etwa 12 Muffins
2 Eier · 1 Eigelb · 2 EL Honig · 100 ml Sonnenblumenöl
1 TL Zimtpulver · $\frac{1}{2}$ TL Salz · 50 g Walnußkerne, grob
gehackt · 80 g brauner Zucker · 1 Pck. Vanillezucker
300 g Zucchini · 140 g Mehl · 2 TL Backpulver
Butter und Mehl für die Förmchen
Für die Apfelbutter:
100 ml Apfelsaft · 30 g brauner Zucker
200 g Apfelmus · 30 g Butter

Die Eier und das Eigelb in eine Schüssel geben und
schaumig rühren. Honig, Öl, Zimt, Salz, Nüsse,
Zucker und Vanillezucker dazugeben und mit dem
Schneebesen gut verrühren.

Die Zucchini waschen und grob raspeln. In einem
Küchentuch gut auspressen.

Die Zucchini zu der Eier-Nuß-Masse geben, das
Mehl und das Backpulver mischen und dazugeben.
Alles gut zu einem dickflüssigen Teig verrühren.

Die Muffinförmchen mit Butter ausstreichen und
die Masse zu dreiviertel hineinfüllen. Die Muffins
bei 180 Grad etwa 45 Minuten backen. Etwa fünf
Minuten abkühlen lassen, aus der Form lösen und
auf einem Kuchengitter vollständig auskühlen lassen.

Für die Apfelbutter den Apfelsaft um ein Drittel
einkochen, den Zucker und das Apfelmus hinzufügen und um ein weiteres Drittel einkochen.
Dann die Butter darunterschlagen und alles abkühlen lassen.

Speck-Muffins

Ergibt etwa 12 Muffins
120 g Frühstücksspeck, in Scheiben · 250 g Mehl
1 TL Zucker · 3 TL Backpulver · $\frac{1}{2}$ TL Salz · 1 großes Ei
80 ml Sonnenblumenöl · $\frac{1}{4}$ l Buttermilch
Außerdem:
Butter und Mehl für die Förmchen

Den Speck in feine Streifen schneiden und in der
Pfanne knusprig braten. Aus der Pfanne nehmen
und erkalten lassen.

In einer Schüssel das Mehl, den Zucker, das Backpulver und das Salz mischen. In einer zweiten
Schüssel das Ei verquirlen, das Öl und die Buttermilch dazugeben. Dann die Mehlmischung und den
Speck hinzufügen und alles zu einem glatten Teig
verarbeiten.

Die Muffinförmchen mit Butter ausstreichen, mit
Mehl ausstäuben und die Masse zu dreiviertel hineinfüllen. In dem auf 200 Grad vorgeheizten Ofen
18–20 Minuten backen.

Aus dem Ofen nehmen, die Muffins 5 Minuten in
der Form erkalten lassen, dann aus der Form nehmen und auf einem Kuchengitter vollständig auskühlen lassen.

"A PAIR OF PEARS"   J. RIZZI

Apfel-Karotten-Saft

500 g Karotten · 1 kg Äpfel

Die Karotten putzen und schälen. Die Äpfel waschen, vierteln und zusammen mit den Karotten durch den Entsafter treiben. Den Saft eiskalt servieren.

Tip: Geben Sie einen Teelöffel kaltgepreßtes Pflanzenöl an den Saft, dadurch wird das fettlösliche Beta-Karotin optimal vom Körper aufgenommen.

"FABULOUS FRUIT" J. Rizzi

Kiwi-Drink mit Honigmelone

1 Honigmelone (ca. 700 g) mit orangefarbenem Fruchtfleisch (z.B. Charentais) · 5 Kiwis · 100 ml Traubensaft · 2 TL Honig

Die Honigmelone vierteln und die Kerne entfernen. Das Fruchtfleisch kleinschneiden und in den Mixer geben.

Die Kiwis schälen, halbieren und mit dem Traubensaft und dem Honig zur Melone in den Mixer geben. Fein pürieren und eiskalt servieren.

Bananen-Ananas-Drink mit Blaubeeren

2 Bananen · 400 g Ananas, geschält

50 g Natur-Joghurt · 120 g Blaubeeren

4 Blättchen Pfefferminze

Die Bananen schälen und kleinschneiden. Die Ananas ebenfalls in Stücke schneiden. Bananen- und Ananasstückchen mit dem Joghurt in den Mixer geben und fein pürieren.

Die Blaubeeren zum Püree geben und nochmals alles kurz mixen. In 4 Gläser füllen und jeweils mit einem Blättchen Pfefferminze garnieren.

Apfel-Brombeer-Saft

8 Äpfel · 500 g Brombeeren · 200 g Blaubeeren

Zimtpulver

Die Äpfel waschen, vierteln und durch den Entsafter treiben. Die Brombeeren und Blaubeeren waschen, putzen und im Mixer fein pürieren.

Den Apfelsaft dazugießen und nochmals alles durchmixen. Den Saft eiskalt in Gläser füllen, eine Prise Zimtpulver darüberstäuben und sofort servieren.

Tip: Das Mixgetränk können Sie auch aus tiefgekühlten Beeren zubereiten. Diese nur antauen, nicht auftauen lassen, dadurch wird der Saft eiskalt!

Blaubeer-Bananen-Drink mit Datteln und Zitronen

2 Bananen · 300 g Blaubeeren · 300 g Brombeeren
12 frische Datteln · Saft von 2 Zitronen
150 ml Mineralwasser mit Kohlensäure

Die Bananen schälen und in kleine Stücke schneiden. Die Beeren waschen, von Blütenkelchen und Stielchen befreien und mit den Bananen in den Mixer geben.

Die Datteln schälen, halbieren und entsteinen. Den Zitronensaft mit den Datteln zu den Beeren geben und fein pürieren. Das Mineralwasser dazugießen, gut verrühren und in Gläser füllen. Eiskalt servieren.

Nektarinen-Kirsch-Drink mit Himbeeren

3 Nektarinen · 250 g Himbeeren
300 g Kirschen · 100 ml Buttermilch

Die Nektarinen waschen, entsteinen, in Stücke schneiden und in den Mixer füllen. Die Himbeeren waschen und zu den Nektarinen geben. Die Kirschen waschen und entsteinen und ebenfalls in den Mixer geben. Das Obst fein pürieren.

Dann die Buttermilch hinzufügen und alles nochmals durchmixen. Durch ein Sieb passieren und eiskalt servieren.

Erdbeer-Orangen-Drink mit Mango

180 g Erdbeeren · 200 ml Orangensaft, frisch gepreßt
1 vollreife Mango

Die Erdbeeren waschen und putzen. Mit dem Orangensaft in den Mixer geben. Die Mango schälen und das Fruchtfleisch in Stückchen vom Stein schneiden.

Das Mangofleisch zur Erdbeer-Orangensaft-Mischung geben und alles im Mixer fein pürieren. Nach Belieben durch ein Sieb passieren und eiskalt servieren.

Ananas-Mango-Drink mit Himbeeren

3 reife Mangos · 300 g frische oder tiefgekühlte Himbeeren
500 g geschälte Ananas, ohne Strunk
4 Blättchen Pfefferminze

Die Mangos schälen, das Fruchtfleisch vom Stein schneiden. Die Himbeeren waschen bzw. antauen lassen. Ein paar schöne Beeren zum Garnieren beiseite legen.

Die Ananas in Stücke schneiden und mit den Mangostückchen und Himbeeren durch den Entsafter treiben. Eiskalt in Gläser füllen. Mit Himbeeren und Pfefferminzblättchen garnieren und sofort servieren.

"THE BIG APPLE"   J. RIZZI

New York Deli

„... Deli's sind eine New Yorker Institution! Der legendäre Katz's oder Broadway Deli sind Zufluchtsorte und Rettungsanker zugleich. Hier kriegst Du einfach alles: phantastische Salate, raffinierte Fertiggerichte und sonstige Snacks, die Du zu Hause nur noch in die Micro schieben mußt – und schon hast Du jede Situation gerettet:
The rest is up to you!"

Tabbouleh

Arabisch-Libanesischer Salat

180 g Bulgur (Couscous) · 1/2 Salatgurke
2 Frühlingszwiebeln, in Ringe geschnitten
je 1 grüne und 1 gelbe Paprikaschote, in Streifen geschnitten
4 Tomaten, in Achtel geschnitten · 1 Bund glatte Petersilie,
fein gehackt · 1/2 Bund Pfefferminze, grob gehackt
1/2 TL Chilipulver · 4 EL Olivenöl · Saft von 2 Zitronen
Salz und Pfeffer aus der Mühle · 1 Kopf grüner Salat

Den Bulgur in ein Sieb geben und unter fließend
kaltem Wasser gut durchspülen und quellen lassen.
Den Bulgur in eine Schüssel geben.

Die Salatgurke gründlich waschen, der Länge nach
halbieren und die Kerne mit einem Löffel herauskratzen. Die Gurkenhälften in Scheiben schneiden.

Frühlingszwiebeln, Paprika und Tomaten sowie
Petersilie, Pfefferminze, Chilipulver, Olivenöl und
Zitronensaft zu dem Bulgur geben und alles gut
mischen. Mit Salz und Pfeffer würzen.

Den Salatkopf putzen, Blätter ablösen, waschen,
trockenschleudern und eine Schüssel damit auslegen. Das Tabbouleh darin anrichten.

Cobb-Salad with Turkey

Grüner Salat mit Geflügel

4 Köpfe grüner Salat · 2 Tomaten · 1 Avocado
60 g Frühstücksspeck, in Scheiben · 40 g Blauschimmelkäse
(z. B. Roquefort) · 2 Hähnchenbrustfilets, gegart
Für das Dressing:
1 TL Dijon-Senf · 1 Eigelb · 1 Knoblauchzehe, durch die
Presse gedrückt · 1 Msp. Paprikapulver · 1 TL Zucker
1 Zweig Estragon, fein gehackt · 1 Zweig Kerbel, fein
gehackt · 150 ml Sonnenblumenöl · 4 EL Weißweinessig
Salz und Pfeffer aus der Mühle

Den Salat putzen, die Blätter ablösen und waschen.
Trockenschleudern und in etwa 3 cm breite Streifen
schneiden.

Die Tomaten waschen und ohne Blütenansätze in
Achtel schneiden. Die Avocado schälen, halbieren,
entsteinen und in Würfel schneiden.

Den Speck in der Pfanne knusprig braten, herausnehmen und gut abtropfen lassen. Den Käse in
kleine Würfel schneiden.

Die Hähnchenbrustfilets quer in Streifen schneiden
und zusammen mit den vorbereiteten Zutaten in
einer Schüssel behutsam vermischen. In Salatschäl-
chen füllen.

Für das Dressing alle angegebenen Zutaten in einer
Schüssel verrühren und über den Salat träufeln.

Deli Matzo-Ball-Soup

Für die Matzo Balls:

300 g Mehl · 1/4 l Geflügelbouillon

120 ml Sonnenblumenöl · 8 Eigelb · 8 Eiweiß

Salz und Pfeffer aus der Mühle

Außerdem:

2 Karotten · 1/2 Lauchstange · 1/2 Selleriestange

1 Zwiebel · 3 l Geflügelbouillon · Salz und Pfeffer aus der

Mühle · 1 Bund glatte Petersilie, fein gehackt

Für die Matzo Balls das Mehl in eine Schüssel geben. Die kalte Bouillon, das Öl und die Eigelbe hinzufügen. Alles zu einem glatten Teig verarbeiten. Mit Salz und Pfeffer würzen. Das Eiweiß zu steifem Schnee schlagen und vorsichtig unter die Mehlmasse heben.

Die Karotten schälen und in dünne Streifen schneiden. Lauch und Sellerie putzen und in Streifen schneiden. Die Zwiebel schälen, halbieren und in Ringe schneiden. Das Gemüse mit der Bouillon in einen großen Topf geben und aufkochen.

Von der Teigmasse runde, walnußgroße Kugeln formen und in die heiße Bouillon geben. Diese bei schwacher Hitze etwa 1 Stunde ziehen lassen. Die Bouillon mit Salz und Pfeffer würzen, die Petersilie hineinrühren.

Grüne Erbsensuppe mit Pastrami

350 g grüne, getrocknete Erbsen · 2 Selleriestangen

1 Karotte · 150 g Pastrami (gepökelter Rinderschinken)

3 EL Olivenöl · 2 Zwiebeln, fein gehackt

2 Knoblauchzehen, durch die Presse gedrückt

1,4 l Geflügelbouillon · Salz und Pfeffer aus der Mühle

Die Erbsen über Nacht in lauwarmem Wasser einweichen. Die Selleriestangen putzen und waschen und in kleinste Würfel schneiden. Die Karotte putzen und schälen. Der Länge nach zuerst in Scheiben und dann in kleine Würfel schneiden. Den Pastrami in Scheiben und diese in kleine Streifen schneiden.

Das Einweichwasser der Erbsen abgießen. Die Erbsen gut durchspülen und anschließend abtropfen lassen.

Das Olivenöl erhitzen, das vorbereitete Gemüse mit den Zwiebeln und dem Knoblauch darin scharf andünsten. Die Erbsen hinzufügen, kurz mitdünsten und die Bouillon dazugießen.

Die Suppe aufkochen und bei schwacher Hitze etwa 80 Minuten köcheln lassen. Mit Salz und Pfeffer aus der Mühle würzen.

Gefillte Fish

Für die Fischnocken:

1 Selleriestange · 1 kleine Karotte · 1 Zwiebel · 1 EL Öl

500 g Hechtfilet · 500 g Seebarsch-Filet · 2 Eiweiß

5 EL Sahne · 3–4 Eiswürfel · 50 g Matzo Meal (ersatzweise Paniermehl) · Salz und weißer Pfeffer aus der Mühle

Für die Sauce:

100 ml Sahne · 4 EL Mayonnaise · 1 TL Dijon-Senf

2 EL Meerrettich, fein gerieben · Salz

Außerdem:

Blattsalat und frische Kräuter

Selleriestange und Karotte putzen, waschen und fein hacken. Zwiebel schälen und ebenfalls fein hacken. Alles in wenig Öl weich dünsten.

Die Fischfilets würfeln und im Mixer mit dem Eiweiß, der Sahne und den Eiswürfeln fein pürieren.

Das Gemüse und das Matzo Meal hinzufügen und alles mit Salz und Pfeffer pikant abschmecken. Aus der Fischmasse Nocken mit einem Löffel abstechen. In gesalzenem Wasser 12–15 Minuten bei schwacher Hitze ziehen lassen.

Inzwischen für die Sauce die angegebenen Zutaten in einer kleinen Schüssel verrühren. Die Nocken aus dem Sud heben und gut abtropfen lassen. Auf einem Salatbett anrichten und die Sauce dazu reichen. Mit Kräutern garnieren.

Frittata mit Tomatensalsa

Für die Salsa:

1 Zwiebel, fein gehackt · 3 Knoblauchzehen, geschält

1 EL Olivenöl · 1 Dose Tomaten (400 g) · $1/2$ TL Zucker

$1/2$ Bund Basilikum, gehackt· Salz und Pfeffer aus der Mühle

Für die Fritatta:

1 grüne Paprikaschote · 5 getrocknete, in Öl eingelegte Tomaten · $1/2$ Aubergine · 1 Kartoffel · 2 EL Olivenöl

1 Zwiebel, fein gehackt · 1 Knoblauchzehe, durch die Presse gedrückt · Salz und Pfeffer aus der Mühle · 12 Eier

Für die Tomatensalsa die Zwiebel und den Knoblauch im Olivenöl andünsten. Die Tomaten dazugeben und alles aufkochen. Bei schwacher Hitze etwa 10 Minuten köcheln lassen. Mit Zucker, Basilikum, Salz und Pfeffer pikant würzen.

Die Paprikaschote halbieren, entkernen, waschen und klein würfeln. Die Tomaten in Streifen schneiden. Die Aubergine waschen und würfeln. Die Kartoffel schälen und ebenfalls klein würfeln.

Das Olivenöl erhitzen und die Zwiebeln und den Knoblauch darin scharf andünsten. Die Paprika, Auberginen und Tomaten hinzufügen und mitdünsten. Zuletzt die Kartoffelwürfel zugeben. Alles gut verrühren und mit Salz und Pfeffer würzen. Die Eier gründlich verschlagen.

Eine kleine beschichtete Pfanne mit Olivenöl einstreichen und ein Viertel vom Gemüse hineingeben. Ein Viertel der Eimasse darübergießen, gut verrühren und bei schwacher Hitze zu einem glatten und 2 cm dicken Pfannkuchen stocken lassen.
Aus der Pfanne direkt auf die Teller geben und mit der heißen Salsa servieren.

Deli Brisket

Zutaten für 15 Portionen:

3 kg Rindfleisch aus der Hochrippe (Zwischenrippenstück)

4 EL Olivenöl · 2 Zwiebeln, gehackt · 4 Karotten, gewürfelt

2 Selleriestangen, in Scheiben geschnitten

4 Knoblauchzehen, fein gehackt · 150 ml Rotwein

2 Lorbeerblätter · 2 Zweige Rosmarin, gehackt

2 Bund Petersilie, gehackt · 2 l Rinderbouillon

Salz und Pfeffer aus der Mühle

Das Fleisch mit der Fettseite nach unten in einem großen Schmortopf im heißen Olivenöl rundherum anbraten. Das Gemüse zusammen mit den Zwiebeln und dem Knoblauch zu dem Fleisch geben und mitdünsten.

Mit dem Rotwein ablöschen, die Lorbeerblätter und Kräuter hinzufügen, die Bouillon dazugießen und alles aufkochen. Das Fleisch bei schwacher Hitze etwa 2 Stunden schmoren, bis es weich und zart ist.

Herausnehmen, den Sud mit Salz und Pfeffer würzen. Das Fleisch warm oder kalt mit Pickles und einer Senfsauce servieren.

Corned beef and Cabbage

Zutaten für 10 Portionen:

2 Köpfe Weißkohl (2 kg) · 300 ml Geflügelbouillon

1,5 kg Corned beef · Salz und weißer Pfeffer aus der Mühle

Die Kohlköpfe vierteln, den Strunk entfernen und den Kohl in feine Streifen schneiden. In einem großen Topf die Bouillon aufkochen, die Kohlstreifen hinzufügen und alles aufkochen. Zugedeckt 10–12 Minuten köcheln lassen und mit Salz und Pfeffer aus der Mühle würzen.

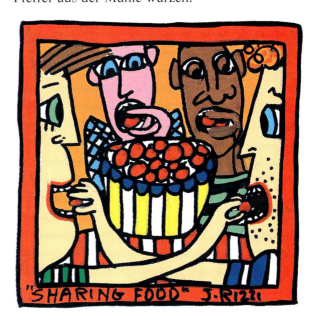

Das Corned beef in einen Schmortopf geben, mit der Kohlbouillon auffüllen und bei schwacher Hitze zugedeckt etwa 20 Minuten erhitzen.

Den Kohl auf Teller geben, das Corned beef in Scheiben schneiden und darauf anrichten.

Broadway Tongue

1,2 kg geräucherte, gesalzene Kalbszunge

1/2 Bund glatte Petersilie · 1 Lorbeerblatt

4 Knoblauchzehen, geschält · 4 zerdrückte, schwarze

Pfefferkörner · 1 Zwiebel · 120 g grobkörniger Senf

(Moutarde de Meaux) · 200 g Pumpernickel

Die Kalbszunge in einen Kochtopf geben und das
Fleisch mit kaltem Wasser bedecken. Petersilie,
Lorbeerblatt, Knoblauch, Pfeffer und die Zwiebel
hinzufügen. Alles aufkochen und bei schwacher
Hitze 50–55 Minuten köcheln lassen.

Die Zunge aus dem Sud heben und mit Hilfe eines
kleinen, scharfen Messers schälen. Dann in hauchdünne Scheiben schneiden. Diese auf Teller legen
und mit dem Senf und dem Pumpernickel servieren.

Deli Creamy Spinach

Sahne-Spinat

1,5 kg Spinat · 1 Zwiebel, fein gehackt

3 Knoblauchzehen, durch die Presse gedrückt

2 EL Olivenöl · 100 ml Milch · 100 ml Sahne

30 g Butter · Salz und Pfeffer aus der Mühle

geriebene Muskatnuß

Den Spinat putzen, waschen und grob hacken.
Die Zwiebeln und den Knoblauch im Olivenöl andünsten. Den Spinat hinzufügen und kurz mitdünsten.

Die Milch und die Sahne zum Spinat gießen
und aufkochen. Alles bei schwacher Hitze etwa
10 Minuten köcheln lassen. Im Mixer fein pürieren.
Die Butter hinzufügen und den Spinat mit Salz,
Pfeffer und Muskatnuß abschmecken.

JAMES RIZZI "FEED YOUR FRIEND"

Grilled Pastrami-Sandwich

8 Scheiben Weißbrot · 4 TL Dijon-Senf
80 g Doppelrahm-Frischkäse · 1/2 Kopf grüner Salat
1 Zwiebel · 120 g Pastrami, dünn aufgeschnitten
(ersatzweise Rinderschinken) · 20 g Butter, geschmolzen
2 EL Olivenöl

Die Brotscheiben nebeneinander legen. Jede Scheibe zuerst mit dem Senf und dann mit dem Frischkäse bestreichen.

Den Salat putzen, die Blätter ablösen und in feine Streifen schneiden. Die Zwiebel schälen und in feine Ringe schneiden. Beides auf 2 Brotscheiben verteilen.

Den Pastrami auf die mit Salat belegten Brote geben, mit den übrigen beiden Brotscheiben zu einem Sandwich zusammenklappen, leicht andrücken.

Die Butter und das Olivenöl mischen, die Brote damit bestreichen und nach Belieben im Ofen oder in der Grillpfanne grillen. Diagonal durchschneiden und Coleslaw (siehe Seite 88) sowie Pickles dazu reichen.

Pita-Sandwich mit Tomaten

Zutaten für 6 Portionen:
3 Köpfe grüner Salat · 3 Tomaten · 1 Avocado
50 g Mozzarella · 2 rote Zwiebeln, fein gehackt
4 EL Maiskörner · 1 Bund Basilikum, grob gehackt
schwarzer Pfeffer aus der Mühle · 6 kleine Pita-Brote

Den Salat putzen, waschen und die Blätter in feine Streifen schneiden. Die Tomaten waschen und ohne Blütenansätze in dünne Scheiben schneiden. Die Avocado schälen, halbieren und den Stein entfernen. Das Fruchtfleisch in kleine Würfel schneiden.

Den Mozzarella in dünne Scheiben schneiden und diese dann in kleine Stückchen zupfen. Die vorbereiteten Zutaten zusammen mit den Maiskörnern und dem Basilikum in eine Schüssel geben und gut vermengen. Nach Belieben mit etwas Pfeffer würzen.

In die Pitabrote eine Tasche schneiden, die Brote etwas auseinanderdrücken und die Füllung hineingeben.

Submarine-Sandwich

80 g Doppelrahm-Frischkäse · 1 Bund Schnittlauch, in
Röllchen geschnitten · 1 Baguette · 2 Köpfe grüner Salat
1 Salatgurke · 6 rote Paprikaschoten · 4 Tomaten
3 reife Avocados · 40 g Kresse-Sprossen
120 g Monterey Jack Cheese (ersatzweise Cheddar),
gerieben · evtl. schwarzer Pfeffer aus der Mühle

Für den Aufstrich den Frischkäse mit dem Schnittlauch in einer kleinen Schüssel cremig rühren. Das
Baguette quer halbieren und die Schnittflächen mit
dem Aufstrich bestreichen.

Den Salat putzen, die Blätter ablösen und waschen.
Gut abtropfen lassen und in etwa 4 cm breite Streifen schneiden. Die Gurke waschen und in Scheiben
schneiden. Die Paprika halbieren, entkernen, waschen und in Streifen schneiden. Die Tomaten waschen und in Scheiben schneiden.

Die Avocados halbieren, schälen, den Stein entfer-
nen und das Fruchtfleisch in Streifen schneiden. Die
Salatstreifen auf die untere Brothälfte legen und mit
Tomaten, Paprika, Gurke, Avocado, Kresse-Sprossen
und geriebenem Käse belegen. Nach Belieben die
Tomaten mit etwas schwarzem Pfeffer bestreuen.

Die obere Seite des Baguette auf das Gemüse und
den Käse setzen, leicht andrücken und das Baguette-
Sandwich in 4 Portionen schneiden.

Oliven-Basilikum-Tomatenbrot

320 g Mehl · 1$^1/_2$ TL Backpulver
140 g schwarze Oliven, entsteint · 2 TL Zucker
1 TL Salz · 2 Bund Basilikum, gehackt
8 getrocknete Tomaten, in Öl eingelegt, grob gehackt
2 Eier, verquirlt · 8 EL Olivenöl · 160 ml Buttermilch
Außerdem:
Butter und Mehl für die Form

Das Mehl und das Backpulver in eine Schüssel sieben. Die Oliven grob hacken und zusammen mit den
restlichen angegebenen Zutaten in die Schüssel geben. Alles zu einem glatten Teig verarbeiten.

Eine Kastenform mit Butter ausstreichen, mit Mehl
ausstäuben und den Teig einfüllen. Das Brot im auf
180° vorgeheizten Ofen 60–70 Minuten backen.

Challah

Hefezopf

1 Pck. Trockenhefe (7 g) · 350 ml lauwarmes Wasser
1 TL Zucker · 6 EL Honig · 30 g Butter, geschmolzen
3 Eier, verquirlt · 1 TL Salz · 600 g Mehl
1 Eiweiß, zu steifem Schnee geschlagen · 2 TL Mohnsamen
Außerdem:
evtl. mehr Mehl bzw. Flüssigkeit · etwas Öl zum Bestreichen
Backpapier für das Blech

Die Hefe in eine kleine Schüssel geben. Die Hälfte des Wassers und den Zucker dazugeben und gut vermischen. Den Honig, die Butter und die Eier in eine Schüssel geben und gut verrühren. Das restliche Wasser langsam mit den Quirlen des Handrührgeräts darunterrühren, zuletzt die angesetzte Hefe hinzugeben.

Mit den Knethaken des Handrührgeräts das Salz und nach und nach das Mehl unter die Eier-Hefe-Mischung kneten. Alles zu einem glatten Teig verarbeiten. Eventuell etwas mehr Mehl oder weniger Wasser verwenden.

Den Teig zu einer Kugel formen und mit etwas Öl einpinseln. Mit einem feuchten Tuch zudecken und an einem warmen Ort etwa 1 Stunde auf die doppelte Größe aufgehen lassen.

Den Teig in 3 gleich große Stücke teilen, diese zu Rollen von etwa 30 cm Länge formen. Die 3 Enden der Rollen zusammendrücken und die Rollen zu einem Zopf flechten. Den Zopf mit Eiweiß bestreichen und mit dem Mohn bestreuen. Auf ein mit Backpa-pier ausgelegtes Backblech legen und weitere 30 Minuten gehen lassen. Im auf 180° vorgeheizten Ofen 40–45 Minuten backen. Aus dem Ofen nehmen und auf einem Kuchengitter auskühlen lassen.

Hamantaschen

Gefüllte Schoko-Cookies

Zutaten für ca. 35 Cookies:
Für den Teig:
250 g Zucker · 120 g Haselnüsse, grob gehackt und geröstet
250 g weiche Butter · 2 Vanilleschoten · 250 g Mehl
2 TL Backpulver · 60 g Kakaopulver · 1/2 TL Salz
2 Eiweiß, verquirlt
Für die Füllung:
250 g Zucker · 1/8 l Sahne · 125 g Kakaopulver
250 g grob gehackte Haselnüsse, geröstet

Den Zucker mit den Haselnüssen im Mixer mischen. In einer großen Schüssel die Butter und den Haselnuß-Zucker cremig rühren. Die Vanilleschoten längs aufschneiden, das Mark herauskratzen und unter die Buttermischung geben.

In einer zweiten Schüssel Mehl, Backpulver, Kakao und Salz vermischen. Nach und nach die Mehlmischung und die verquirlten Eiweiß unter die Buttermischung mengen. Zu einem glatten Teig kneten.

Für die Kakaocreme Zucker, Sahne, Kakao und Haselnüsse vermengen. Mit Klarsichtfolie abdecken und für 3 Stunden in den Kühlschrank stellen.

Inzwischen den Teig zu einer langen Rolle mit einem Durchmesser von 3–4 cm Durchmesser formen und 3 mm dicke Scheiben davon abschneiden. Diese auf ein mit Backpapier ausgelegtes Backblech legen und in dem auf 180 Grad vorgeheizten Ofen 12–15 Minuten backen. Herausnehmen und abkühlen lassen.

Die Schokoladenmasse in einen Spritzbeutel füllen. Auf jedes Cookie einen haselnußgroßen Tupfen davon spritzen. Mit einem zweiten Cookie abdecken und leicht andrücken.

Apfelstrudel

Für den Teig:

150 g Mehl · 1 Eigelb · 2 Prisen Salz
3 EL Sonnenblumenöl

Für die Füllung:

1,5 kg Äpfel · 100 g Butter
20 Löffelbiskuits, zerstoßen · 150 g Zucker · 2 TL Zimtpulver
60 g Rosinen · 40 g Walnußkerne, gehackt · 50 g Butter
2 EL Sahne

Für den Teig das Mehl auf eine Arbeitsfläche sieben und in die Mitte eine Mulde drücken. Das Eigelb mit dem Salz und dem Öl hineingeben und das Mehl nach und nach unterarbeiten. Alles zu einem glatten, geschmeidigen Teig kneten.
Mit einem feuchten Tuch zudecken und 1 Stunde ruhen lassen.

Für die Füllung die Äpfel schälen, vierteln und die Kerngehäuse entfernen. Die Äpfel in dünne Scheiben schneiden

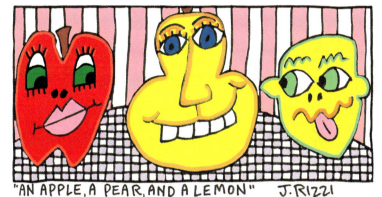

"AN APPLE, A PEAR, AND A LEMON"   J. RIZZI

und in eine Schüssel geben. Die Butter schmelzen und die Biskuitbrösel darin hellbraun rösten. Aus der Pfanne nehmen und erkalten lassen. Zucker, Zimt, Rosinen und die Nüsse zu den Äpfeln geben und alles gut vermischen.

Den Strudelteig hauchdünn ausrollen und über den Handrücken zu einer rechteckigen Fläche ausziehen. Die Teigfläche mit flüssiger Butter bestreichen und zwei Drittel der Fläche mit den Biskuitbröseln bestreuen. Darauf die Apfelmischung verteilen.

Den Teig nun langsam und vorsichtig zu einem Strudel aufrollen und auf ein bebuttertes, bemehltes Backblech legen. Die flüssige Butter mit der Sahne vermischen und die Oberfläche damit bestreichen.

Im auf 220 Grad vorgeheizten Ofen 30–35 Minuten backen. Aus dem Ofen nehmen und mit Puderzucker bestreuen.

"STREET FOOD" J. RIZZI

Quick & Easy on the Street

„... very special in New York – und an jeder
Straßenecke zu finden. Fast food für unterwegs:
frische Pretzeln und Hot Dogs mit Kraut, Senf oder
Zwiebeln. Darum dreht sich in New York fast alles
und es gehört einfach zum Stadtbild. "

Prawn-Kebab
with Feta

Für die Marinade:
Saft und Schale von 2 unbehandelten Zitronen
3 Knoblauchzehen, durch die Presse gedrückt
1 Zweig Majoran, fein gehackt · 2 EL Olivenöl
1/2 TL Zucker · Salz und Pfeffer aus der Mühle
Außerdem:
120 g griechischer Schafkäse (Feta) · 20 Riesengarnelen,
ohne Schale und Darm · 10 Kirschtomaten, geputzt
Salz und Pfeffer aus der Mühle · Öl für den Grill

Für die Marinade Zitronensaft und Schale,
Knoblauch, Majoran, Olivenöl und Zucker in eine
Schüssel geben und mit Salz und Pfeffer würzen.

Den Käse in mundgerechte Würfel schneiden und
zusammen mit den Garnelen in die Marinade legen.
Mindestens 6 Stunden im Kühlschrank marinieren.

Die Garnelen, die Käsewürfel und die Kirschtomaten abwechselnd auf 4 Holzspießchen stecken.
Mit Salz und Pfeffer würzen. Den Grill mit etwas
Öl einpinseln und die Spießchen darauf rundherum
grillen.

Lamm-Kebab
mit Zwiebeln

800 g Lammrücken · 40 g Butter · 5 EL Grapefruitsaft
20 Perlzwiebeln · 1 TL Kümmelpulver · 1 TL Ingwerpulver
1/2 TL Safranpulver · 2 Msp. Nelkenpulver
1/2 TL Cayennepfeffer · 1 Knoblauchzehe, durch die Presse
gedrückt · 1 Zwiebel, fein gehackt · Salz

Das Lammfleisch in mundgerechte Würfel schneiden. Für die Marinade die Butter schmelzen und in
eine Schüssel geben.

Die restlichen Zutaten hinzufügen, gut verrühren
und das Fleisch damit übergießen. Zugedeckt im
Kühlschrank mindestens 12 Stunden marinieren
lassen.

Die Fleischwürfel auf 4 Holzspieße aufstecken und
auf dem Grill in 10–12 Minuten garen, dabei das
Fleisch immer wieder mit der restlichen Marinade
bestreichen.

Schaschlik

750 g Lammrücken · 1 Zwiebel, fein gehackt

3 Knoblauchzehen, durch die Presse gedrückt

4 EL Wasser · 5 EL Rotweinessig · 1/2 TL Nelkenpulver

1/2 TL Zimtpulver · 1/2 TL Korianderpulver · 5 EL Rotwein

1/2 Bund Koriandergrün, fein gehackt · Salz

4 EL Olivenöl · 5 EL Granatapfelsirup (Grenadine)

Das Fleisch in mundgerechte Würfel schneiden und in eine Schüssel geben. Alle anderen Zutaten, bis auf den Sirup und das Öl, hinzufügen. Alles gut verrühren.

Die Lammwürfel mindestens 6 Stunden, am besten über Nacht marinieren und anschließend auf 4 Holzspießchen stecken.

Die Spießchen im Olivenöl wenden und auf allen Seiten rosa grillen. Mit Granatapfelsirup servieren.

Souflaki

100 ml Olivenöl · 5 EL Rotwein · 5 EL Zitronensaft

2 TL Majoranblättchen, fein gehackt · 3 Lorbeerblätter

3 Knoblauchzehen, durch die Presse gedrückt

800 g Lammfleisch aus der Keule, ohne Fettrand

Salz und schwarzer Pfeffer aus der Mühle

2 Zwiebeln, geviertelt

Für die Marinade Öl, Wein, Zitronensaft, Majoran, Lorbeerblätter und Knoblauch in einer Schüssel verrühren.

Das Lammfleisch in mundgerechte Würfel schneiden, in die Schüssel geben und in der Marinade wenden. Mit Salz und Pfeffer würzen. Dann mindestens 12 Stunden im Kühlschrank marinieren lassen.

Abwechselnd Fleischwürfel und Zwiebelviertel auf 4 Holzspieße stecken und auf beiden Seiten grillen oder in der Pfanne rundherum braten. Mit warmem Pita-Brot servieren.

41

Chicken Tikka

800 g Hähnchenbrustfilet

Für die Marinade:

1 Knoblauchzehe, durch die Presse gedrückt

1 Zwiebel, fein gehackt · 1 rote Paprikaschote

1 cm Ingwerwurzel, frisch gerieben · 100 g Natur-Joghurt

1/2 Zitrone · 1 TL Kümmelpulver · 1 TL Kurkuma (Gelbwurz)

1 TL Pfefferminzblättchen, fein gehackt

1 TL Koriandergrün, fein gehackt · 1 TL Salz

Pfeffer aus der Mühle

Das Geflügelfleisch in mundgerechte Würfel schneiden und in eine Schüssel geben.

Für die Marinade Zwiebel und Knoblauch mit dem Joghurt sowie den Gewürzen in einer Schüssel gut verrühren. Das Fleisch in die Marinade geben und etwa 12 Stunden darin marinieren lassen.

Die Fleischwürfel aus der Marinade nehmen, Marinade etwas abstreifen und das Fleisch auf 4 Holzspieße stecken. Auf jeder Seite 4–5 Minuten grillen.

Chicken Satay

Für die Marinade:

2 TL Madras-Currypulver · 1 TL schwarzer Pfeffer aus der Mühle · 1/2 TL Salz · 1/2 TL Kümmelpulver · 2 EL Olivenöl

Außerdem:

400 g Hähnchenbrust- oder Putenbrustfilet

Für die Marinade alle Zutaten in eine Schüssel geben und gut verrühren.

Die Geflügelfilets in Würfel schneiden. Das Fleisch in die Marinade geben, darin wenden und etwa 12 Stunden darin marinieren.

Das Fleisch auf 4 Holzspießchen stecken und rundherum grillen.

RIZZI   "TOO MANY PEOPLE IN THE CITY"

Spring-Rolls

Frühlingsrollen

120 g Schweinefleisch · 120 g gegarte kleine Garnelen
1/2 TL Salz · 3 TL Kornsirup · 1 TL Zucker · 3 TL Sojasauce
1 EL Austernsauce · Salz · 1/2 TL weißer Pfeffer aus der
Mühle · 150 ml Geflügelbouillon · 2 EL Pflanzenöl
250 g Bambussprossen · 80 g Chinakohl, in feinen Streifen
1 kleine Karotte, in feinen Streifen · 2 EL Weißwein
1 TL dunkles Sesamöl · 1 Eiweiß · 12 tiefgekühlte Reisblätter
200 ml Fritieröl · Chilisauce zum Dippen

Das Fleisch in Würfel schneiden und im Gefriergerät anfrieren. Anschließend ganz fein schneiden,
aber nicht pürieren. Die Garnelen grob hacken.

Sirup, Zucker, Sojasauce, Austernsauce, Salz,
Pfeffer und die Geflügelbouillon in einer Schüssel
verrühren.

In einem Wok das Öl erhitzen. Die Garnelen und
das Schweinefleisch unter ständigem Rühren darin
scharf anbraten. Das Gemüse hinzufügen und ein
bis zwei Minuten mitdünsten.

Mit dem Wein, dem Sesamöl und der vorbereiteten
Sauce ablöschen. Die Flüssigkeit einkochen lassen.

Die Reisblätter nebeneinander ausbreiten und
jeweils 2–3 Teelöffel von der Füllung darauf geben.
Dabei ein Drittel der Teigfläche freilassen, diese
mit etwas Eiweiß bestreichen, die Seiten etwas einklappen und die gefüllten Blätter aufrollen.

Im heißen Fett 4–5 Minuten knusprig ausbacken.
Mit einem Schaumlöffel herausnehmen, auf Küchenkrepp abtropfen lassen und mit Chilisauce servieren.

Calzone mit Spinat

Für den Teig:
1 1/2 TL Trockenhefe · 120 ml lauwarmes Wasser
220 g Mehl · 1 EL Honig · 1 TL Salz · 3 EL Olivenöl
Für die Füllung:
150 g Blattspinat · 4 EL Olivenöl · 1 Zwiebel, fein gehackt
1 Knoblauchzehe, durch die Presse gedrückt · 200 g Ricotta
1 Eigelb · 2 EL Parmesan, gerieben · 80 g Mozzarella, grob
gerieben · 60 g gekochter Schinken, in feinen Streifen
Salz und Pfeffer aus der Mühle
Außerdem: 2 Eigelb zum Bestreichen

Für den Teig die Hefe in wenig Wasser anrühren.
Mit etwas Mehl mischen und die Hefe aufgehen
lassen. Das restliche Mehl in eine Schüssel sieben,
eine Mulde in die Mitte drücken und Honig, Salz,
übriges Wasser, Öl und die aufgegangene Hefe hineingeben. Alles rasch zu einem glatten Teig kneten.
Mit einem feuchten Tuch bedeckt an einem warmen
Ort gehen lassen.

Für die Füllung den Spinat waschen und die Stiele
abknipsen. Das Olivenöl erhitzen und die Zwiebel
und den Knoblauch darin andünsten. Den Spinat
dazugeben und mitdünsten. In eine Schüssel füllen
und etwas abkühlen lassen. Ricotta, Eigelb, Parmesan, Mozzarella und Schinken zugeben. Mit Salz
und Pfeffer pikant würzen.

Den Teig 3 mm dünn ausrollen und runde Teig-
flächen von etwa 14 cm Durchmesser ausstechen.
Die Füllung auf die Teigkreise verteilen, die Ränder
mit etwas Eigelb bestreichen und die Kreise halb-
mondförmig zusammenklappen, gut andrücken.

Die Calzone mit dem restlichen Eigelb bestreichen
und im auf 200 Grad vorgeheizten Ofen 20–25
Minuten backen.

Baked Potatoes
mit Kräuterquark

Ofenkartoffeln

8 Kartoffeln · Salz · 8 Blatt Alufolie, 10 ∅ 10 cm
100 g Sahnequark · 100 g Crème fraîche
1/2 Bund Kerbel, fein gehackt · 1/2 Bund glatte Petersilie,
fein gehackt · 1/2 Bund Schnittlauch, in Röllchen geschnitten
weißer Pfeffer aus der Mühle · 100 g Räucherlachs, in
Streifen geschnitten

Die Kartoffeln gründlich waschen und in gesalzenem
Wasser 12 Minuten kochen. Abgießen und jede
Kartoffel in Alufolie wickeln. Die Kartoffeln im auf
180 Grad vorgeheizten Ofen etwa 60 Minuten
backen.

Inzwischen den Quark mit der Crème fraîche verrühren, die Kräuter hinzufügen und alles mit Salz
und Pfeffer abschmecken.

Die Kartoffeln aus dem Ofen nehmen, die Folie öff-
nen und die Knollen oben kreuzweise einschneiden,
etwas auseinanderdrücken und die Quarkmasse hineinfüllen. Die Lachsstreifen auf die Kartoffeln legen.

Info: Nicht die ideale Mahlzeit, um auf dem »Run«
zu essen. Dennoch gibt es an einigen Straßenecken
attraktive Lokomotive-Eßstände, in denen Ofen-
kartoffeln zubereitet werden.

Burritos mit Guacamole

500 g Rindfleisch aus der Hüfte · 1/2 l Fleischbouillon
1 Dose Tomaten (400 g) · 2 rote Paprikaschoten
3 EL Olivenöl · 2 gekochte Kartoffeln · 1 Zwiebel, gehackt
2 Knoblauchzehen, durch die Presse gedrückt
1/2 scharfe Chilischote, fein gehackt · 4 Tortillas (weich)

Das Rindfleisch mit der Bouillon in einem Topf zum
Sieden bringen. Bei schwacher Hitze 3 Stunden
köcheln lassen. Nach 2 Stunden die Tomaten dazugeben.

In der Zwischenzeit die Paprika halbieren, putzen,
würfeln und zusammen mit den Zwiebeln und dem
Knoblauch in 1 Eßlöffel Olivenöl anbraten und
garen. Aus der Pfanne nehmen. Die Kartoffeln in
Scheiben schneiden und im restlichen Olivenöl goldgelb braten.

Wenn das Fleisch zart ist, dieses mit einem Schaumlöffel aus der Tomaten-Boullion heben und ganz
fein schneiden. Wieder in die Boullion geben, Pap-
rika-Kartoffel-Mischung hinzufügen und alles verrühren. Mit Salz und der fein gehackten Chilischote
pikant abschmecken.

Die Tortillas auf der Arbeitsfläche ausbreiten, 1 Eßlöffel von der Fleischfüllung jeweils auf die Mitte
geben und die Tortillas zu Burritos aufrollen. Mit
Guacamole (siehe Grundrezepte) oder geschmolze-
nem Käse servieren.

Tacos Grande

Zutaten für 6 Tacos:

Für die Füllung:

400 g rote Bohnen, gekocht oder aus der Dose

2 Knoblauchzehen, durch die Presse gedrückt

1 Zwiebel, fein gehackt · 2 EL Tomatenketchup

$1/2$ TL Kümmelpulver · $1/2$ Bund Koriandergrün, fein gehackt

2 scharfe Chilischoten, fein gehackt · 1 TL Chilipulver

Salz und Pfeffer aus der Mühle

120 g schwarze Oliven, entsteint

Außerdem:

1 kleiner Eisbergsalat · 6 große Tacoschalen

100 g Sauerrahm · 1 Zwiebel, fein gehackt

160 g Cheddar-Käse, gerieben · 100 ml Guacamole (siehe Grundrezepte) · 2 Tomaten, in Scheiben geschnitten

Die Bohnen zusammen mit Knoblauch, Zwiebel, Ketchup, Kümmel, Koriander, Chilischoten und Chilipulver in einer Schüssel verrühren. Mit Salz und Pfeffer abschmecken.

Die Oliven grob hacken und unter die Bohnen mischen. Vom Salat die Blätter lösen, waschen und kleinschneiden. Den Salat in die Tacoschalen legen, die Bohnenmischung hineinfüllen und etwas Sauerrahm darübergeben. Mit dem geriebenen Käse bestreuen.

Die Tacos auf Teller legen und mit der Zwiebel bestreuen. Die Guacamole und Tomatenscheiben dazu anrichten.

Texas Chili Dogs

2 Zwiebeln, in Ringe geschnitten · 3 Knoblauchzehen, durch die Presse gedrückt · 3 EL Olivenöl

150 g Suppenfleisch, gekocht · 1 Dose Tomaten (400 g)

100 g Chilibohnen, gekocht oder aus der Dose

1 TL Chilipulver · 1 scharfe Chilischote, entkernt und fein gehackt · Kümmelpulver · Salz und schwarzer Pfeffer aus der Mühle · 4 Hot Dog-Würstchen · 4 Hot Dog-Brötchen

Die Zwiebeln und den Knoblauch im Olivenöl goldgelb dünsten. Das Suppenfleisch zuerst in dünne Scheiben schneiden, dann mit der Gabel in kleine Stücke zupfen und zu Zwiebeln und Knoblauch in die Pfanne geben.

Die Tomaten, Bohnen, Chilipulver und Chilischote hinzufügen, gut umrühren und aufkochen. Bei schwacher Hitze 12–15 Minuten köcheln lassen. Mit Kümmelpulver, Salz und Pfeffer abschmecken.

Die Würstchen in die Sauce geben und darin erhitzen. Die Brötchen quer aufschneiden, aber nicht durchschneiden, und aufklappen. Mit der Schnittseite nach unten auf dem Grillaufsatz des Toasters schwach rösten. Jeweils 1 Würstchen mit Füllung in 1 Brötchen geben und zusammenklappen.

"CATS ALSO MUST EAT" J·Rizzi

"SOUP + BREAD" J. RIZZI

Soups & Salads

„...meine Mom kocht eine phantastische Chicken soup.
Wir nennen sie auch *jewish Penicillin*, da die Suppe fast
jede Krankheit kuriert...“

Kürbissuppe mit Mandeln

500 g gelbes Kürbisfleisch · $1/2$ Zwiebel, fein gehackt

40 g Butter · 40 g Mandelblättchen

800 ml Geflügelbouillon · $1/4$ l Sahne

Salz und Pfeffer aus der Mühle

Das Kürbisfleisch in kleine Würfel schneiden. In einem großem Topf die Zwiebel in der Butter andünsten, Kürbis dazugeben und mitdünsten.

4 Eßlöffel Mandelblättchen untermischen und alles weitere 5 Minuten dünsten. Die Bouillon dazugießen, zum Kochen bringen und die Suppe 1 knappe Stunde köcheln lassen. Inzwischen die übrigen Mandelblättchen in einer Pfanne ohne Fett rösten.

Die Suppe mit dem Stabmixer fein pürieren, 150 ml von der Sahne dazugeben und die Kürbissuppe 5 Minuten köcheln lassen. Mit Salz und Pfeffer würzen. Restliche Sahne steif schlagen und unter die Suppe ziehen. In vorgewärmte Suppentassen füllen und mit den gerösteten Mandeln garnieren.

Karottensuppe mit grünem Pfeffer

400 g junge Karotten · 1 Zwiebel, fein gehackt · 30 g Butter

1 TL Currypulver · 1 l Gemüsebouillon · 100 ml Sahne

Salz und schwarzer Pfeffer aus der Mühle

1 TL grüne Pfefferkörner

Die Karotten putzen, schälen, waschen und in Stücke schneiden. Die Zwiebel in der Butter andünsten, die Karotten hinzufügen und mitdünsten.

Das Currypulver darüberstäuben und gut umrühren. Die Gemüsebouillon dazugießen, zum Kochen bringen und alles bei schwacher Hitze 30 Minuten köcheln lassen.

Die Suppe mit dem Stabmixer fein pürieren und durch ein Sieb passieren. Die Sahne dazugießen und aufkochen. Mit Salz und Pfeffer abschmecken.

Den grünen Pfeffer zerdrücken und gleichmäßig in vier Suppentassen verteilen. Die heiße Suppe darüber schöpfen.

Brokkoli-Basilikumsuppe

1 Zwiebel, fein gehackt · 1 Knoblauchzehe, durch die
Presse gedrückt · 3 EL Olivenöl · 300 g Brokkoli,
in Röschen geteilt · $1/2$ Bund Basilikum, fein gehackt
700 ml Geflügelbouillon · 100 ml Sahne
Salz und Pfeffer aus der Mühle · Zitronensaft

Die Zwiebel und den Knoblauch im heißen Olivenöl
andünsten, die Brokkoliröschen und das Basilikum
hinzufügen.

Die Bouillon dazugießen, aufkochen und bei schwacher Hitze etwa 25 Minuten köcheln lassen. Die
Suppe mit dem Mixstab fein pürieren, nach Belieben
durch ein Sieb passieren und die Sahne dazugießen.
Nochmals kurz erhitzen.

Mit Salz, Pfeffer und etwas Zitronensaft abschmecken. In vier Suppentassen füllen und
knuspriges Baguette dazu reichen.

Lobster-Minestrone

1 Hummer (etwa 500 g) · Salz · 80 g Fusilli (Spiralnudeln)
4 EL Olivenöl · 2 Knoblauchzehen, durch die Presse
gedrückt · 50 g rote Bohnen, gekocht oder aus der Dose
2 Karotten, gewürfelt · 1 Zucchini, gewürfelt
$1/2$ Fenchelknolle, gewürfelt · 1 kleine Lauchstange,
in Ringe geschnitten · $1/2$ rote Paprikaschote, gewürfelt
2 Tomaten, gehäutet, entkernt und gewürfelt
800 ml Gemüsebouillon · Pfeffer aus der Mühle
Außerdem:
4 Riesengarnelen, ohne Schale und Darm
2 EL Olivenöl · 4 TL Pesto

Den Hummer in kochendem Salzwasser in 12 Minuten garen. Herausnehmen, abkühlen lassen, der
Länge nach teilen und dann das Fleisch auslösen.

Die Nudeln in gesalzenem Wasser bißfest garen,
abgießen und kalt abschrecken.

Das Olivenöl erhitzen und den Knoblauch darin
andünsten. Das vorbereitete Gemüse hinzufügen
und mitdünsten.

Die Gemüsebouillon dazugießen und alles 10 Minuten köcheln lassen. Die gekochten Nudeln hinzufügen und die Suppe mit Salz und Pfeffer abschmecken.

Die Garnelen im Olivenöl anbraten, bis sie sich rosa
gefärbt haben, und quer halbieren. Das Hummerfleisch in Würfel schneiden und mit den Garnelen in
vier Suppenteller verteilen. Die Minestrone darübergeben und je 1 Teelöffel Pesto daraufsetzen.

Black Bean Soup

240 g getrocknete, schwarze Bohnen · 5 EL Olivenöl
1 Zwiebel, fein gehackt · 4 Knoblauchzehen, durch die
Presse gedrückt · 1 Karotte, geschält und fein gehackt
800 ml Gemüsebouillon · ½ Chilischote, entkernt und
fein gehackt · 1 TL Kreuzkümmelpulver
½ TL Kardamompulver · 1 TL Chilipulver · 1 Lorbeerblatt
120 ml Bier · Salz und schwarzer Pfeffer aus der Mühle
Saft von 1 Zitrone · 2 TL Balsamico-Essig

Die Bohnen über Nacht in lauwarmem Wasser einweichen. Am nächsten Tag das Einweichwasser
abgießen, die Bohnen abspülen und gut abtropfen
lassen.

Das Olivenöl in einem Topf erhitzen. Zwiebel,
Knoblauch und Karotte scharf darin anbraten.
Die Bohnen dazugeben und alles mit der Bouillon
aufgießen.

Die Suppe aufkochen, die Chilischote, die übrigen
Gewürze und das Bier hinzufügen. Alles bei schwacher Hitze etwa 2 Stunden köcheln lassen.

Die Bohnensuppe mit Salz, Pfeffer, Zitronensaft und
Balsamico-Essig abschmecken. Die Suppe nach
Bedarf noch mit etwas Bouillon verdünnen. Dazu
warmes Maisbrot (siehe Seite 139) reichen.

Tortilla Soup

2 Zwiebeln, gewürfelt · 3 Tomaten, gewürfelt
2 Tortillas (siehe Grundrezepte) · 1 EL Olivenöl
4 Knoblauchzehen, gehackt · 2 TL Tomatenmark
600 ml Gemüsebouillon · ½ TL Kreuzkümmelpulver
1 TL Chilipulver · ½ Lorbeerblatt
Salz und Pfeffer aus der Mühle
Außerdem:
2 Hähnchenbrust- oder Putenbrustfilets · Salz und Chilipulver
4 EL Olivenöl · 2 Tortillas (siehe Grundrezepte)
100 g Cheddarkäse, gerieben · 1 reife Avocado

Zwiebeln und Tomaten in den Mixer geben und fein
pürieren. Die Tortillas in Streifen schneiden. Das
Olivenöl in einem Topf erhitzen. Die Tortillastreifen
und den Knoblauch darin anbraten. Tomaten-
Zwiebel-Püree und Tomatenmark dazugeben.

Die Bouillon dazugießen, Kreuzkümmel, Chili und
Lorbeerblatt hinzufügen und die Suppe aufkochen.
Alles bei schwacher Hitze etwa 20 Minuten köcheln
lassen. Die Suppe durch ein Sieb passieren und mit
Salz und Pfeffer abschmecken.

Die Geflügelbrüste mit Salz und Chili bestreuen und
im heißen Olivenöl in einer Pfanne auf beiden Seiten
braten. Anschließend in Streifen schneiden. Die
Tortillas ebenfalls in Streifen schneiden und im verbliebenen Fett in der Pfanne ausbacken, herausnehmen und auf Küchenkrepp abtropfen lassen.

Die Geflügelstreifen in tiefe Teller verteilen, die
heiße Suppe darüberfüllen, die Tortillastreifen
darauf anrichten und alles mit dem Käse bestreu-
en.
Die Avocado schälen, den Kern entfernen, das
Fruchtfleisch in Würfel schneiden und zum

Spicy Gazpacho

4 EL Olivenöl · 1 Zwiebel, fein gehackt · 2 Knoblauchzehen, durch die Presse gedrückt · 1 Zweig Thymian, abgezupft 1 gelbe Paprikaschote, gewürfelt · 1 rote Paprikaschote, gewürfelt · 1 Zucchini, gewürfelt · 2 Tomaten, gewürfelt 800 ml Fleischbouillon · Salz und schwarzer Pfeffer aus der Mühle · $1/4$ TL Chilipulver · 1 cm Ingwerwurzel, fein gerieben · 1 TL Koriandergrün, fein gehackt $1/4$ Stengel Zitronengras, fein geschnitten · 5 EL Sahne

Das Olivenöl in einem Topf erhitzen. Die Zwiebel und den Knoblauch darin andünsten. Die Thymianblättchen und die Gemüsewürfel dazugeben und kurz mitdünsten.

Das Gemüse aus der Pfanne nehmen und in eine Schüssel füllen. Die Bouillon dazugießen und die Suppe mit dem Stabmixer fein pürieren.

Mit Salz, Pfeffer, Chili, Ingwer, Koriander und Zitronengras pikant würzen. Die Sahne dazugießen. Die Suppe abkühlen lassen und für mehrere Stunden in den Kühlschrank stellen. Eiskalt servieren.

Kalte Gurkensuppe mit Joghurt

2 Salatgurken · 150 ml Gemüsebouillon · 150 ml Sahne Salz und weißer Pfeffer aus der Mühle · 4 EL Natur-Joghurt 4 Zweige Dill

Die Salatgurken gründlich waschen und in kleine Würfel schneiden. Zusammen mit der Bouillon im Mixer fein pürieren.

Die Sahne dazugeben und die Suppe durch ein Sieb passieren. Mit Salz und Pfeffer pikant abschmecken.

Die Gurkensuppe in vier tiefe Teller oder Tassen füllen, je 1 Eßlöffel Joghurt auf die Mitte geben und mit einem Dillzweig garnieren.

Geeiste Melonensuppe mit Ingwer

2 Honigmelonen · 2 cm Ingwerwurzel, fein gehackt
Saft von $\frac{1}{2}$ Zitrone · 100 ml Gemüsebouillon · $\frac{1}{2}$ l Sekt
Salz und weißer Pfeffer aus der Mühle

Die Melonen halbieren und die Kerne entfernen.
Das Fruchtfleisch aus den Melonenhälften lösen und
in den Mixer geben. Ingwer, Zitronensaft und
Gemüsebouillon hinzufügen und alles fein pürieren.

In eine große Schüssel füllen, die Suppe mit Salz
und Pfeffer abschmecken. Den Sekt dazugießen und
die Melonensuppe eiskalt als erfrischende Vorspeise
servieren.

Greek Chicken Soup with Lemon

80 g Orzo-Nudeln (ersatzweise Suppennudeln) · Salz
250 g Hähnchenbrustfilet · 1,2 l Geflügelbouillon
5 unbehandelte Zitronen · 3 Eier · Salz und weißer Pfeffer
aus der Mühle · 2 TL glatte Petersilie, fein gehackt

Die Nudeln in gesalzenem Wasser bißfest garen.
Abgießen, kalt abschrecken und gut abtropfen
lassen.

Das Geflügelfleisch mit 300 ml Bouillon in einem
Topf aufkochen und bei schwacher Hitze gar ziehen
lassen. Das Fleisch aus der Bouillon nehmen und
in Streifen schneiden. Die restliche Bouillon dazugießen und aufkochen.

2 Zitronen heiß abwaschen und die Schale abreiben.
Alle Zitronen auspressen. In einer kleinen Schüssel
die Eier verquirlen, die Zitronenschale und den Saft
hinzufügen.

Die Eier in die kochende Bouillon gießen, dabei
mit dem Schneebesen kräftig schlagen. Die Suppe
mit Salz und Pfeffer abschmecken. Mit den
Geflügelfleischstreifen und den Nudeln in tiefen
Tellern anrichten. Mit Petersilie bestreuen.

Caesar's Salad

4 Scheiben Weißbrot · 5 EL Olivenöl · 10 g Butter

2 Köpfe grüner Salat

Für die Sauce:

2 Knoblauchzehen, durch die Presse gedrückt

2 Sardellenfilets, gehackt · Saft von 1 Zitrone

1 EL Worcestershire-Sauce · 1 Eigelb · 100 ml Olivenöl

1 TL Senf · Salz und Pfeffer aus der Mühle

30 g Parmesan, frisch gerieben · 1 Knoblauchzehe,
durch die Presse gedrückt

Die Brotscheiben in kleine Würfel schneiden. Das
Olivenöl mit der Butter in einer Pfanne erhitzen.
Die Brotwürfel hinzufügen und rundum knusprig
braten. Die Croûtons aus der Pfanne nehmen und
auf Küchenkrepp abtropfen lassen.

Den Salat putzen, waschen,
trockenschleudern, die Blätter
in 2–3 cm breite Streifen
schneiden und vier Teller damit
auslegen.

Für die Sauce den Knoblauch
und die Sardellenfilets in eine
Schüssel geben. Den Zitronensaft, die Worcestershire-
sauce, das Eigelb und den Senf hinzufügen und alles gut
verrühren. Öl in dünnem Strahl darunterschlagen.
Mit etwas Salz und Pfeffer abschmecken.

Den Salat mit der Sauce beträufeln und mit dem
frisch geriebenen Parmesan und den Croûtons
bestreuen.

"JUMP IN"

Panzanella

Tomaten-Brotsalat

1 italienisches Fladenbrot (Focaccia)

120 ml Olivenöl · Salz

Für die Vinaigrette:

2 rote Zwiebeln, in feine Ringe geschnitten

1 Bund Basilikum, in Streifen geschnitten

8 EL Rotweinessig · 8 EL Olivenöl · 6 EL Sonnenblumenöl

Salz und schwarzer Pfeffer aus der Mühle

Außerdem:

1 Kopf grüner Salat · 600 g Tomaten, gehäutet und
geviertelt

Das Brot schräg in dünne Scheiben schneiden und
diese halbieren. Das Brot auf ein Backblech legen,
mit Olivenöl beträufeln und im
auf 180 Grad vorgeheizten
Ofen in etwa 8–10 Minuten
knusprig braten. Aus dem
Ofen nehmen und mit etwas
Salz bestreuen.

Für die Vinaigrette die Zwiebeln und die Basilikumstreifen
in eine kleine Schüssel geben.
Den Essig und die beiden Öle
hinzufügen, mit Salz und Pfeffer würzen und alles
gut verrühren.

Den Salat putzen, die Blätter waschen, trockenschleudern und vier Teller damit auslegen. Das Brot
kurz vor dem Servieren zu den Tomaten geben, gut
vermischen und auf dem Salat anrichten. Sofort servieren. Das Brot darf nicht zuviel Vinaigrette aufsau-
gen, damit es schön knusprig bleibt.

Fusilli-Salat mit Tomaten & Brokkoli

400 g Fusilli (Spiralnudeln) · Salz · 3 EL Olivenöl

500 g Brokkoli, in Röschen geteilt · 2 Frühlingszwiebeln, in Ringe geschnitten · 5 Knoblauchzehen, in Scheiben geschnitten · 1/4 rote Paprikaschote, fein gehackt

1/2 Bund Schnittlauch, in Röllchen geschnitten

1 Bund Basilikum, fein gehackt · 3 getrocknete Tomaten, in Öl eingelegt, in Stückchen geschnitten

Für das Dressing:

1 TL Senf · 6 EL Balsamico-Essig · 12 EL Olivenöl

Salz und schwarzer Pfeffer aus der Mühle

Außerdem:

Parmesan, gerieben · 2 TL Kapern, grob gehackt

Die Nudeln in gesalzenem Wasser mit dem Olivenöl bißfest garen. Abgießen, kalt abschrecken und in eine Schüssel füllen.

Die Brokkoliröschen bißfest garen. Frühlingszwiebeln, Knoblauchscheiben, Brokkoliröschen und Paprika zu den Nudeln geben. Schnittlauch, Basilikum und getrocknete Tomaten hinzufügen.

Für das Dressing den Senf mit dem Essig und dem Öl vermischen. Mit Salz und Pfeffer pi-kant abschmecken und zusammen mit dem Parmesan zur Nudelmischung geben. Alles gut miteinander mischen, nochmals abschmecken und servieren. Mit den Kapern garnieren.

Thai-Beef-Salad

400 g Entrecôte am Stück (Zwischenrippenstück)

Salz und Pfeffer aus der Mühle · 100 ml Olivenöl

Für das Dressing:

Saft von 2 Zitronen · 2 TL Sojasauce · 2 TL Zucker

1 kleine Chilischote, fein gehackt

4 Knoblauchzehen, durch die Presse gedrückt

3 Zweige Koriandergrün, fein gehackt

4 Blättchen Pfefferminze, fein gehackt

1/2 Zitronengrasstengel, fein gehackt

1 cm Ingwerwurzel, fein gehackt

abgeriebene Schale von 1 unbehandelten Zitrone

1 rote Zwiebel, in feine Ringe geschnitten

1 Fleischtomate, gehäutet und in Streifen geschnitten

4 EL gesalzene Erdnüsse, geviertelt

Außerdem:

2 Köpfe grüner Salat

Das Fleisch mit Salz und schwarzem Pfeffer bestreuen. In einer Pfanne 3 Eßlöffel vom Olivenöl erhitzen. Das Fleisch darin rundherum kurz anbraten, so daß es innen noch rosa bleibt. Aus der Pfanne nehmen und erkalten lassen. Das Fleisch zuerst in Scheiben und dann in Streifen schneiden.

Für das Dressing den Zitronensaft, das restliche Olivenöl und alle vorbereiteten Zutaten in eine Schüssel geben und vermischen. Die Fleischstreifen hinzufügen und alles gut vermengen. Den Salat mit Salz und schwarzem Pfeffer abschmecken.
Den grünen Salat putzen, waschen und trockenschleudern. Die Salatblätter auf vier Tellern auslegen und den Fleischsalat darauf anrichten.

Thunfisch-Tatar
mit Paprikaöl

300 g frischer Thunfisch · 1/2 Bund Schnittlauch, in Röllchen
geschnitten · 1 Schalotte, fein gehackt · 3 EL Olivenöl
2 TL Zitronensaft · Salz und Pfeffer aus der Mühle
Außerdem:
60 g Feldsalat · 3 EL Balsamico-Essig · 6 EL Olivenöl
Salz und schwarzer Pfeffer aus der Mühle
3 EL gelbes Paprikaöl · 3 EL rotes Paprikaöl
16 Kartoffel-Chips

Den Fisch mit einem großen Messer fein hacken und
in eine Schüssel geben. Den Schnittlauch, Schalotten, Zitronensaft und das Öl hinzufügen und alles
gut verrühren. Mit Salz und Pfeffer würzen und bis
zur Verwendung kalt stellen.

Den Salat putzen, waschen, trockenschleudern und
die Blätter auf vier Teller verteilen. Für das Dressing
Öl und Essig verrühren, mit Salz und Pfeffer würzen
und über den Salat geben.

Aus dem Thunfisch-Tatar mit Hilfe eines Eßlöffels
Nocken formen, diese auf den Salatblättern anrichten. Die Paprikaöle abwechselnd auf jeden Teller
tropfen. Mit den Chips garnieren.

Tip: Paprikaöl herstellen.

Weißer Bohnensalat
mit Salbei & Thunfisch

200 g weiße getrocknete Bohnen
5 Salbeiblätter, in feine Streifen geschnitten
1 Zweig Thymian · 1 Lorbeerblatt · 1 rote Zwiebel, gehackt
2 Knoblauchzehen, durch die Presse gedrückt
Salz und weißer Pfeffer aus der Mühle
1/2 Bund Basilikum, in feine Streifen geschnitten
Saft von 1 Zitrone · 1 1/2 TL Balsamico-Essig · 5 EL Olivenöl
6 Artischockenherzen, gekocht · 1 Dose Thunfisch in Öl
1 rote Zwiebel, in dünne Ringe geschnitten
3 Tomaten, gewürfelt · 1/2 Kopf Frisée-Salat

Die Bohnen über Nacht in kaltem Wasser einweichen. Am nächsten Tag die Bohnen im Wasser
zum Kochen bringen. Kräuter, Zwiebel und Knoblauch, Salz und etwas Pfeffer hinzufügen. Die
Bohnen bei schwacher Hitze in etwa 1 Stunde weich
kochen.

Die Bohnen abgießen und mit Basilikum, Zitronensaft, Essig und Öl gut mischen. Mit Salz und
schwarzem Pfeffer pikant würzen.

Die Artischockenherzen halbieren, den Thunfisch
aus der Dose abtropfen lassen und in große Stücke
zerpflücken. Artischocken und Thunfisch mit den
Zwiebeln und den Tomaten unter den Bohnensalat
mischen.

Den Friséesalat putzen, waschen, trockenschleudern
und auf vier Teller legen. Den Bohnensalat darauf
anrichten.

Zuckerschotensalat mit Paprika

300 g Zuckerschoten · Salz · 1 gelbe Paprikaschote

120 g Champignons

Für das Dressing:

5 EL Olivenöl · 1 TL Zucker · 1 TL dunkles Sesamöl

Saft von 1 Zitrone · 2 TL Balsamico-Essig

Salz und schwarzer Pfeffer aus der Mühle

Außerdem:

1 TL Sesamsamen, geröstet · 2 EL Pinienkerne, geröstet

Die Zuckerschoten entfädeln und in gesalzenem Wasser bißfest garen. Kalt abschrecken, gut abtropfen lassen und in eine Schüssel geben.

Die Paprika halbieren, putzen, waschen und in Streifen schneiden. Die Champignons in Scheiben schneiden. Pilze und Paprika zu den Zuckerschoten geben.

Für das Dressing alle angegebenen Zutaten in einer kleinen Schüssel verrühren. Das Dressing über das Gemüse in die Schüssel geben, gut mischen und auf Tellern anrichten. Mit Sesamsamen und Pinienkernen bestreuen.

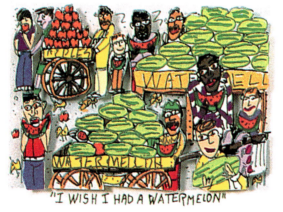

"I WISH I HAD A WATERMELON"

Waldorf-Salat

2 Stangen Sellerie · 3 säuerliche Äpfel · Saft von 1 Zitrone

Für das Dressing:

Natur-Joghurt · 2 EL Crème fraîche · 1 EL Mayonnaise

Salz und weißer Pfeffer aus der Mühle · 80 g Walnußkerne

3 EL geschlagene Sahne · 1/2 kleiner Eisbergsalat

Die Selleriestangen putzen und in feine Scheiben schneiden. Die Äpfel schälen, das Kerngehäuse entfernen und in feine Streifen schneiden. Mit dem Zitronensaft beträufeln.

Für das Dressing den Joghurt mit der Crème fraîche und der Mayonnaise verrühren. Mit Salz und Pfeffer abschmecken.

Ein paar Walnußkerne halbieren und beiseite legen. Die restlichen grob hacken und zusammen mit Sellerie und Äpfeln unter das Dressing mischen. Alles gut vermengen. Zum Schluß die geschlagene Sahne darunterheben.

Blätter vom Eisbergsalat lösen, waschen, trockenschleudern und auf eine Platte legen. Den Waldorfsalat darauf anrichten. Mit den Nußhälften garnieren.

Ceviche

Marinierter Fischsalat

600 g verschiedene Fischfilets (z.B. von Seeteufel,
Seezunge, Heilbutt) · Saft von 2 Zitronen

8 schwarze Oliven, entsteint · 8 grüne Oliven, entsteint

1 rote Paprikaschote, gewürfelt und gedünstet

1 Frühlingszwiebel, in feine Ringe geschnitten

2 Tomaten, gehäutet und geachtelt

1/2 Bund Koriandergrün, fein gehackt

Oreganoblättchen von 1 Zweig, fein gehackt

1 rote Zwiebel, fein gehackt

1 Knoblauchzehe, durch die Presse gedrückt

100 ml Olivenöl · Salz und Pfeffer aus der Mühle

1 Avocado · 1 Kopf Frisée-Salat

6 rote oder gelbe Kirschtomaten, halbiert

Die Fischfilets quer in Scheiben, dann in feine
Streifen schneiden. In eine Schüssel geben,
mit Zitronensaft beträufeln und gut mischen.

Die Oliven in Streifen schneiden. Paprika, Frühlingszwiebel und Tomaten mit Kräutern, Zwiebel,
Knoblauch und Olivenöl zum Fisch geben. Alles
gut miteinander vermischen. Mit Salz und Pfeffer
würzen.

Die Avocado halbieren und den Stein entfernen.
Die Hälften schälen, in Würfel schneiden und ebenfalls unter den Fisch heben. Nochmals alles vorsichtig vermengen.

Vom Salat Blättchen zupfen, waschen, trockenschleudern und vier Teller oder eine Platte damit
auslegen. Den Ceviche-Salat darauf anrichten
und mit den Kirschtomaten garnieren.

Salat mit Krabben-
küchlein und Basilikumöl

1 Bund Basilikum · 100 ml Olivenöl · 2 Papayas

Für das Dressing:

Saft von 1 Zitrone · 40 ml Öl · Salz und Pfeffer aus der Mühle

Für den Teig:

600 g Crabmeat (ersatzweise Cocktail-Shrimps)

3 Eigelb · 8 EL Olivenöl · 5 EL Mayonnaise

80 g Maiskörner · Salz und weißer Pfeffer aus der Mühle

Außerdem:

3 EL Semmelbrösel · 4 EL Olivenöl zum Braten

20 g Butter zum Braten · 80 g Feldsalat · 10 getrocknete
Tomaten, in Öl eingelegt und in Stückchen geschnitten

Für das Basilikumöl das Basilikum waschen, die
Blättchen von den Stielen zupfen. Basilikum-
blättchen mit dem Olivenöl fein pürieren. In eine
Schüssel füllen. Die Papayas schälen, halbieren,
entkernen, in kleine Würfel schneiden. Zum
Basilikumöl geben und verrühren.

Für das Dressing Zitronensaft und Öl verrühren und
mit Salz und Pfeffer aus der Mühle würzen.

Für den Teig das Crabmeat fein hacken und in eine
Schüssel geben. Die restlichen Zutaten dazugeben
und mit Salz und Pfeffer würzen.

Kleine, etwa 100 g schwere Küchlein formen, diese
in wenig Semmelbröseln wenden und in der heißen
Olivenöl-Buttermischung auf beiden Seiten goldgelb
backen. Aus der Pfanne nehmen, auf Küchenkrepp
abtropfen lassen. Auf Tellern anrichten.

Den Salat putzen, waschen und in eine Schüssel
geben. Die Tomaten mit dem Dressing unter den
Salat mischen.

Spargelsalat mit Riesengarnelen & Vanille

2 Vanilleschoten · 100 ml Sonnenblumenöl

Für den Salat:

12 Stangen grüner Spargel · 1 Kopf Friséesalat

8 Radicchioblätter · 20 Spinatblätter

1 Bund Kerbel, Blättchen abgezupft

1/2 Bund glatte Petersilie, gehackt

8 Kirschtomaten, halbiert · 6 EL Olivenöl · 1 Zitrone

Salz und weißer Pfeffer aus der Mühle

Außerdem:

12 Riesengarnelen, ohne Schale und Darm

Salz · 3 EL Olivenöl

Für das Vanilleöl die Vanilleschoten längs aufschneiden und das Mark herauskratzen. Mit dem Öl in eine kleine Schüssel geben, gut verrühren und 2 Tage ziehen lassen.

Spargel waschen und die Stangen im unteren Drittel schälen, die Enden abschneiden und den Spargel bißfest garen. Die Salate und den Spinat putzen, waschen, in mundgerechte Stücke zupfen und in eine Schüssel geben. Kräuter und Tomaten hinzugeben. Für das Dressing Öl, Zitronensaft, Salz und Pfeffer verrühren.

Die Riesengarnelen mit Salz bestreuen und im heißen Olivenöl scharf anbraten. Die Hitze reduzieren und die Garnelen bei schwacher Hitze garziehen lassen.

Den Salat mit dem Dressing anrühren und auf vier Teller verteilen. Die warmen Spargelstangen und die Garnelen dazu anrichten. Den Salat, den Spargel und die Garnelen mit dem Vanilleöl beträufeln.

Riesengarnelen-Salat mit Curry-Öl

1/2 Lauchstange · etwas Mehl · 100 ml Öl · 1 reife Mango

8 kleine Kartoffeln · 2 EL Sesamöl · 10 g Butter

3 EL Olivenöl · Saft von 1 Zitrone · 6 EL Curry-Öl

1/2 Kopf Frisée-Salat · 40 g Brunnenkresse

12 Riesengarnelen, ohne Schale und Darm

1/2 Bund glatte Petersilie, gehackt

Lauch waschen, schräg in Ringe schneiden, im Mehl wenden und in heißem Öl goldgelb knusprig ausbacken. Auf einem Küchenkrepp abtropfen lassen.

Die Mango schälen, das Fruchtfleisch vom Stein schneiden und im Mixer fein pürieren.

Die Kartoffeln schälen, halbieren und in gesalzenem Wasser weichkochen. Wasser abschütten und die Kartoffeln im Sesamöl und der Butter wenden und mit Salz würzen.

Für das Dressing Olivenöl, Zitronensaft und 2 Eßlöffel Curry-Öl verrühren. Mit Salz und Pfeffer würzen. Die Salate putzen, den Frisée-Salat in kleine Zweige zupfen und auf vier Teller anrichten. Mit dem Dressing beträufeln.

Die Riesengarnelen mit Salz bestreuen und im restlichen Curry-Öl auf allen Seiten anbraten. Die Garnelen zum Salat auf den Teller geben und mit den gebackenen Lauchstückchen garnieren. Die warmen Kartoffeln daneben legen und mit Petersilie bestreuen. Das Mangopüree tropfenweise um den Salat träufeln.

Angelhair-Salad

400 g Spaghettini · Salz · 2 EL Olivenöl

Für das Dressing:

2 cm Ingwerwurzel, fein gehackt

2 TL geschälte Sesamkörner, geröstet

1/2 Bund Koriandergrün, fein gehackt

1 TL dunkles Sesamöl · 8 EL Sonnenblumenöl

2 EL Balsamico-Essig · 1 EL Sojasauce · Saft von 1 Zitrone

2 Frühlingszwiebeln, in Ringe geschnitten

Pfeffer aus der Mühle

Die Spaghettini in gesalzenem Wasser mit dem Öl bißfest garen. Kalt abschrecken und das Wasser abgießen. Die Pasta in eine große Schüssel geben.

In einer zweiten Schüssel den Ingwer, Sesam, Koriander, Öle, Essig, Sojasauce und Zitronensaft vermischen. Mit Salz und Pfeffer würzen.

Das Dressing zusammen mit den Frühlingszwiebeln zur Pasta geben und alles gut mischen. Nach Belieben mit gezupftem Frisée-Salat oder gebratenen Garnelen servieren.

Tip: Den Salat bei Zimmertemperatur ziehen lassen, dann servieren.

Bulgur-Salat mit Tomaten & Gurken

100 g Bulgur (Couscous) · Saft von 2 Zitronen

4 Blättchen Pfefferminze, fein gehackt

2 Zweige glatte Petersilie, fein gehackt

8 EL Olivenöl · 1 Salatgurke

1 rote Paprikaschote, in Streifen geschnitten

3 Fleischtomaten, gehäutet und gewürfelt

Salz und schwarzer Pfeffer aus der Mühle

Den Bulgur unter fließend kaltem Wasser gut durchspülen und in eine Schüssel geben. Zitronensaft, Pfefferminze, Petersilie und Olivenöl hinzufügen.

Die Salatgurke waschen, längs aufschneiden, die Kerne herauskratzen und die Gurke in dünne Scheiben schneiden. Mit den Paprikastreifen und Tomatenwürfeln zu dem Bulgur geben. Gut mischen und mit Salz und Pfeffer abschmecken.

RIZZI   "WOMEN WHO WORK OUT"

Friséesalat mit Fenchel, Birnen & Gorgonzola

2 kleine Köpfe Frisée-Salat · 1 Fenchelknolle

1 reife Birne · 3 EL Pinienkerne

Für das Dressing:

100 g Gorgonzola · 50 ml Crème fraîche

2 EL Weißweinessig · 5 EL Sonnenblumenöl

Salz und schwarzer Pfeffer aus der Mühle

Den Friséesalat in kleine Zweige zupfen, putzen und waschen. Den Fenchel putzen, waschen, schräg in hauchdünne Scheibchen schneiden und in eine Schüssel geben.

Die Birne waschen, vierteln, vom Kerngehäuse befreien und in Spalten schneiden. Mit dem Fenchel zum Salat geben. Die Pinienkerne in einer Pfanne ohne Fett goldgelb rösten und unter den Salat mischen.

Für das Dressing die Hälfte des Gorgonzolas mit einer Gabel fein zerdrücken. Die Crème fraîche, den Weißweinessig und das Öl darunterschlagen. Mit Salz und Pfeffer würzen.

Den restlichen Gorgonzola klein würfeln. Das Dressing über den Salat geben, vorsichtig unterheben, in Schälchen anrichten und mit den Käsewürfeln bestreuen.

Spinatsalat mit Parmesan & Champignons

100 g Spinatblätter · 2 Handvoll Ruccola

120 g kleine Champignons · 3 EL Pinienkerne

80 g Parmesan

Für das Dressing:

Saft von 2 Zitronen · 6 EL Sonnenblumenöl

6 EL Olivenöl · Salz und schwarzer Pfeffer aus der Mühle

4 Stengel glatte Petersilie, fein gehackt

Den Spinat und den Ruccola von den Stielen befreien, putzen und waschen. In eine Schüssel geben. Die Champignons in Scheiben schneiden, ebenfalls in die Schüssel geben.

Die Pinienkerne in einer kleinen Pfanne ohne Fett goldgelb rösten. Den Parmesan in kleine Stückchen bröckeln. Zum Salat und den Pilzen geben. Alles miteinander vermischen.

Den Zitronensaft und die beiden Öle mit Salz und Pfeffer sowie der Petersilie verrühren. Den Salat damit anmachen. In Schälchen füllen und sofort servieren.

Geflügelsalat mit Erdnuß-Vinaigrette

Für die Erdnuß-Vinaigrette:

80 g gesalzene Erdnüsse · 3 EL Erdnußmus

4 cm Ingwerwurzel, fein gehackt

1/2 Stengel Zitronengras, fein gehackt

4 EL Reisessig (ersatzweise Sherry fino)

8 EL Olivenöl · 1/2 Bund Koriandergrün, fein gehackt

1/2 TL Cayennepfeffer · 2–3 Tropfen Tabasco-Sauce

Außerdem: 4 Hähnchenbrustfilets · Salz und schwarzer
Pfeffer aus der Mühle · 3 EL Sonnenblumenöl

2 gelbe Paprika, in Streifen geschnitten · 4 EL Olivenöl

500 g gekochter Basmatireis · 200 g Brokkoliröschen,
gekocht · 12 grüne Spargelspitzen, gekocht

60 g gesalzene Erdnüsse · Salz

Für die Vinaigrette die Erdüsse grob hacken, mit
den restlichen Zutaten in einer Schüssel mischen.
Eventuell mit Salz und Pfeffer abschmecken.

Die Hähnchenbrustfilets mit Salz und Pfeffer
bestreuen. Im heißen Öl auf beiden Seiten scharf
anbraten, dann bei schwacher Hitze garziehen
lassen. Das Fleisch aus der Pfanne nehmen und
in Streifen schneiden.

Die Paprikastreifen im Olivenöl in einer Pfanne
dünsten. Den Reis und die lauwarmen Gemüse
hinzufügen und alles mischen.

Den Gemüsereis in eine große Schüssel füllen, die
Vinaigrette und die warmen Fleischstreifen dazuge-
ben und eventuell mit etwas Salz abschmecken.
Mit den Erdnüssen bestreuen und sofort servieren.

Chinese Duck Salad

1 unbehandelte Orange · 1 unbehandelte Zitrone

150 ml Sojasauce · 3 cm Ingwerwurzel, fein gehackt

1/2 Stengel Zitronengras, fein gehackt · 4 kleine Entenbrüste

Salz · 3 Beutel schwarzer Tee · 1 Kopf Friséesalat

1 Kopf Radicchio · 80 g Macadamia-Nüsse, grob gehackt

50 g Kartoffelchips · 4 EL Balsamico-Essig

8 EL Sonnenblumenöl · 4–5 Tropfen dunkles Sesamöl

Für die Marinade die Orange und Zitrone heiß
abwaschen. Die Schale in dünne Streifen abschneiden und mit der Sojasauce in eine Schüssel
geben.

Den Ingwer und das Zitronengras zusammen
mit den Entenbrüsten in eine flache Schüssel geben.
Die Marinade darübergießen und mindestens
24 Stunden im Kühlschrank ziehen lassen.

Den Boden eines Topfes (mit Siebeinsatz) gut mit
Wasser bedecken, Salz zugeben und alles zum
Sieden bringen. Die Teebeutel ins Wasser geben und
den Siebaufsatz daraufstellen.

Die Entenbrüste aus der Marinade nehmen, abtropfen lassen und in das Sieb legen. Im heißen Dampf
10–12 Minuten garen. Anschließend auf der Fettseite ohne weiteres Fett scharf anbraten. Das Fleisch
quer in Scheiben schneiden.

Die Salate putzen, waschen, gut abtropfen lassen
und in Streifen schneiden. In eine Schüssel geben
und mit den Nüssen und den Chips mischen.

Für das Dressing den Essig und die Öle verrühren
und mit Salz würzen. Mit dem warmen Entenfleisch
zum Salat geben, gut mischen. Sofort servieren.

"PASTA DAY AT MOM'S HOUSE" J. RIZZI

Pizza, Pasta & Burger

„... bei meiner Abstammung? Ganz klar, das sind Grundnahrungsmittel. Die besten Italiener sind in der ganzen Stadt zu finden – Little Italy ist überall!"

Shrimp Pizza mit Ingwer

500 g Pizzateig (siehe Grundrezepte)

100 ml dicke Tomatensauce (siehe Grundrezepte)

400 g Riesengarnelen, geschält und ohne Darm

$1/2$ Stengel Zitronengras · 2 cm Ingwerwurzel, gerieben

125 g Mozzarella

Salz und schwarzer Pfeffer aus der Mühle

Außerdem:

Olivenöl für das Blech und zum Beträufeln

Den Pizzateig in 4 gleichgroße Portionen teilen und jeweils zu einem Fladen ausrollen. Auf ein mit Öl eingepinseltes Backblech legen. Mit der Tomatensauce bestreichen und mit den quer halbierten Garnelen belegen. Mit Salz bestreuen.

Das Zitronengras in feine Streifen schneiden und zusammen mit dem Ingwer auf die Pizza streuen.

Den Mozzarella 20 Minuten im Gefriergerät anfrieren. Anschließend in feine Scheibchen schneiden. Den Käse gleichmäßig auf die 4 Pizzen verteilen.

Die Pizzen mit einigen Tropfen Olivenöl beträufeln und im auf 210 Grad vorgeheizten Ofen 10–12 Minuten backen.

Four Cheese Pizza

80 g Gorgonzola · 80 g Fontina

60 g Mozzarella · 80 g Pecorino oder frischer Ziegenkäse

500 g Pizzateig (siehe Grundrezepte)

120 ml dicke Tomatensauce (siehe Grundrezepte)

Olivenöl für das Blech und zum Beträufeln

schwarzer Pfeffer aus der Mühle

Die Käsesorten für etwa 20 Minuten in den Kühlschrank stellen. Den Teig in 4 gleichgroße Portionen teilen, zu Fladen ausrollen und auf ein mit Öl bepinseltes Backblech legen.

Den Käse in feine Scheiben schneiden. Die Tomatensauce auf den Pizzafladen verteilen und den Käse darüberstreuen.

Mit dem Olivenöl beträufeln, mit etwas schwarzem Pfeffer würzen und im auf 210 Grad vorgeheizten Ofen 10–12 Minuten backen.

Prosciutto Breakfast Pizza

5 Tomaten aus der Dose, gut abgetropft

500 g Pizzateig (siehe Grundrezepte)

120 g gekochter Schinken, in Scheiben

40 g Parmaschinken · 120 g Fontina-Käse · 4 Eier

Salz und schwarzer Pfeffer aus der Mühle

Außerdem:

Olivenöl für das Blech und zum Beträufeln

Die Tomaten halbieren, Kerne herauskratzen und das Fruchtfleisch in Würfel schneiden. Den Teig in 4 gleichgroße Portionen teilen, zu Teigfladen ausrollen und auf ein mit Öl bepinseltes Blech legen.

Den Schinken in kleine Würfel und den Käse in feine Scheiben schneiden. Schinken und Käse mischen und auf den Teigfladen verteilen.

Die Pizzen im auf 210 Grad vorgeheizten Ofen 8–10 Minuten backen. Aus dem Ofen nehmen, je 1 Ei auf die Pizzen geben und mit den Tomatenwürfeln bestreuen. Mit Salz und Pfeffer bestreuen. Mit etwas Öl beträufeln und weitere 4–5 Minuten backen. Sofort servieren.

Kräuter-Pizza

2 Zwiebeln, geschält · 2 Knoblauchzehen, geschält

1 EL Olivenöl · 120 g Doppelrahm-Frischkäse

1 Bund Basilikum, gehackt · 1/2 Bund Schnittlauch, in

Röllchen geschnitten · 1 Zweig Rosmarin, gehackt

500 g Pizzateig (siehe Grundrezept)

20 g Parmesan, gerieben

Außerdem:

Öl für das Blech

Die Zwiebeln und den Knoblauch in feine Streifen schneiden und in Olivenöl goldgelb rösten.

Den Frischkäse mit den Kräutern cremig rühren. Den Pizzateig in 4 gleichgroße Portionen teilen, zu Fladen ausrollen und auf ein mit Öl bepinseltes Blech legen.

Die Pizzen mit dem Kräuter-Frischkäse bestreichen, mit Parmesan bestreuen und etwas Olivenöl beträufeln. Im auf 210 Grad vorgeheizten Ofen 10–12 Minuten backen.

Barbecue-Pizza mit Speck & Tomaten

1 Zwiebel, geschält · 2 Knoblauchzehen, geschält

1 EL Olivenöl · 80 g Frühstücksspeck, in Scheiben

8 getrocknete Tomaten, in Öl eingelegt, in Streifen
geschnitten · 2 Kirschtomaten, in Streifen geschnitten

2 Hähnchenbrustfilets, in Streifen geschnitten

2 EL Tomatenketchup · 2 TL Sojasauce

1 TL Chilipulver · 1/2 TL Korianderpulver

1 Prise Zimtpulver · 1 Prise Kreuzkümmelpulver

1/2 Bund Basilikum, fein gehackt

250 g Pizzateig (siehe Grundrezepte)

6 EL dicke Tomatensauce (siehe Grundrezepte)

40 g Mozzarella · 2 EL Parmesan, gerieben

Außerdem:

Olivenöl für das Backblech und zum Beträufeln

Die Zwiebel in Ringe, den Knoblauch in Scheiben
schneiden und beides kurz anbraten. Aus der Pfanne
nehmen und beiseite stellen. Den Speck anbraten.
Sofort aus der Pfanne nehmen.

Getrocknete und frische Tomaten und Hähnchen-
streifen in eine Schüssel geben. Ketchup, Sojasauce,
Gewürze und Basilikum hinzufügen. Alles gut
mischen.

Den Pizzateig zu einem Fladen ausrollen, auf ein
mit Öl bepinseltes Backblech legen und mit der
Tomatensauce bestreichen. Den Speck und die marinierte Tomaten-Fleisch-Mischung darauf verteilen.

Den Mozzarella in feine Scheibchen schneiden und
mit dem Parmesan auf die Pizza streuen. Mit dem
restlichen Olivenöl beträufeln und die Pizza im
auf 210 Grad vorgeheizten Ofen 10–12 Minuten
knusprig backen.

Pizza mit Räucherlachs und Kaviar

1 Pck. Trockenhefe (7 g) · 1 TL Honig

150 ml lauwarmes Wasser · 350 g Mehl · 1 TL Salz

2 TL Olivenöl · 200 g Crème fraîche oder Sauerrahm

250 g Räucherlachs, in Scheiben · 100 g Kaviar (Sevruga)

4 Zweige Dill

In einer kleinen Schüssel die Hefe und den Honig
mit der Hälfte des Wassers ansetzen. In einer zweiten Schüssel das Mehl und das Salz vermengen.

Unter Rühren das Öl, das restliche Wasser und die
Hefemischung zugeben und alles zu einem glatten
Teig kneten. Den Teig in ein warmes, feuchtes
Küchentuch wickeln und an einem warmen Ort auf-
gehen lassen.

Den Teig in 4 gleichgroße Portionen teilen, nochmals gut durchkneten und zugedeckt weitere
15 Minuten aufgehen lassen. Jeweils zu Fladen dünn
ausrollen und auf ein bemehltes Backblech legen.

Jeden Boden mit einer Gabel einstechen und mit
getrockneten Hülsenfrüchten belegen. Im auf
250 Grad vorgeheizten Ofen 7–8 Minuten backen.

Aus dem Ofen nehmen, die Hülsenfrüchte entfernen
und die Pizzaböden mit Crème fraîche oder Sauerrahm bestreichen. Mit dem Lachs belegen. Auf jede
Pizza 1 Eßlöffel Kaviar geben und mit einem Zweig
Dill garnieren.

Spaghettini mit geröstetem Knoblauch und Riesengarnelen

500 g Spaghettini · Salz · 3 EL Olivenöl

8 Knoblauchzehen, geschält

12 Riesengarnelen, ohne Schale und Darm

2 Chilischoten, fein gewürfelt

schwarzer Pfeffer aus der Mühle

Parmesan zum Bestreuen

Die Spaghettini in gesalzenem Wasser mit etwas Öl bißfest garen. Kalt abschrecken und das Wasser abgießen. Den Knoblauch in feine Scheiben schneiden und im restlichen Olivenöl goldgelb rösten.

Die Garnelen dazugeben und mitbraten. Mit den Chilischoten, Salz und Pfeffer würzen. Die Spaghettini darunter mischen. In tiefen Tellern servieren und frisch geriebenen Parmesan dazu reichen.

Fettuccine mit Shrimps

500 g Fettuccine · 1 TL Salz · 3 EL Olivenöl

2 Tomaten · 20 Stück Riesencrevetten, ohne Schale und Darm

40 ml Olivenöl · 2 Schalotten, feingehackt

1 Karotte, fein gehackt · 60 g Stangensellerie, fein gehackt

2 Knoblauchzehen, gepreßt · 50 ml Weißwein

1/2 Bund Basilikum, in Streifen geschnitten · Cayenne-Pfeffer

2 Zweige glatte Petersilie · 1 Zitrone · Salz

4 EL Olivenöl · 1 Zweig Petersilie

Die Fettuccine in gesalzenem Wasser mit dem Öl »al dente« kochen. Kalt abschrecken und das Wasser abgießen. Die Tomaten oben kreuzweise einschneiden, den Strunk entfernen und für 15 Sekunden in kochendes Wasser tauchen. Kalt abschrecken, schälen, halbieren und entkernen. Das Tomatenfleisch in Würfel schneiden.

Die Crevetten im Olivenöl anbraten, die Gemüse beigeben und mitbraten. Mit dem Weißwein ablöschen und mit dem Basilikum, Cayenne, Zitronensaft und Salz würzen.

Die Fettuccine im heißen Olivenöl wenden und die Crevetten mit dem Gemüse beigeben und gut vermengen. In tiefen Tellern anrichten und mit der Petersilie garnieren.

Spicy Tagliatelle

400 g Tagliatelle · 8 EL Olivenöl · Salz

500 g grüner Spargel

5 Knoblauchzehen, durch die Presse gedrückt

2 Frühlingszwiebeln, in Ringe geschnitten

60 g Maiskörner · 1 Bund Koriandergrün, fein gehackt

4 Tomaten, grob gehackt · 10 getrocknete Tomaten, in Öl
eingelegt, in Streifen geschnitten

2 Chilischoten, fein gehackt · 1/4 TL Zimtpulver

Salz und schwarzer Pfeffer aus der Mühle

Die Tagliatelle in gesalzenem Wasser mit 3 Eßlöffeln
Öl »al dente« kochen. Kalt abschrecken und gut
abtropfen lassen. Die Spargelstangen waschen und
das untere Drittel schälen, die Stangen in 3–4 cm
lange Stücke schneiden.

Das restliche Olivenöl erhitzen und die Spargelstücke, den Knoblauch und die Frühlingszwiebeln
scharf darin anbraten. Mais, Koriander, beide
Tomatensorten sowie Chili und Zimt hinzufügen
und kurz mitdünsten.

Die Tagliatelle unter das scharf gewürzte Gemüse
mischen, kurz erhitzen und mit Salz und Pfeffer
abschmecken.

Penne mit grünem Spargel

450 g Penne · 1 TL Salz · 8 EL Olivenöl

1,2 kg grüner Spargel · 3 Sardellenfilets, fein gehackt

5 EL Fleischbouillon · schwarzer Pfeffer aus der Mühle

30 g Parmesan, gerieben

Die Penne in gesalzenem Wasser mit 3 Eßlöffeln
Olivenöl bißfest garen. Die Spargelstangen waschen
und im unteren Drittel schälen.

Spargel in gesalzenem Wasser in etwa 10 Minuten
garen. Er soll noch Biß haben. Kalt abschrecken und
in 3–4 cm lange Stücke schneiden.

Die Spargelstücke im restlichen Olivenöl leicht anbraten, die Sardellenfilets hinzufügen und mit
der Bouillon ablöschen. Die Penne unter die
Spargel-Sardellen-Mischung heben. Mit Salz und
Pfeffer würzen. In tiefen Tellern anrichten und
mit Parmesan bestreuen.

Rigatoni mit weißen Bohnen & Salbei

200 g getrocknete kleine weiße Bohnen · Salz

1 Dose Tomaten (400 g), gut abgetropft

3 Knoblauchzehen, geschält · 15 Salbeiblätter

500 g Rigatoni · 6 EL Olivenöl

schwarzer Pfeffer aus der Mühle

30 g Parmesan, frisch gerieben

Die Bohnen über Nacht in kaltem Wasser einweichen. Das Wasser abschütten, die Bohnen in einen Topf geben und mit kaltem Wasser auffüllen. Aufkochen, mit Salz würzen und bei schwacher Hitze etwa 1½ Stunden kochen. Kalt abschrecken, Kochwasser abgießen und die Bohnen in eine Schüssel füllen.

Die Tomaten halbieren, Kerne herauskratzen und das Fruchtfleisch in Würfel schneiden. Den Knoblauch in feine Scheiben, und den Salbei in feine Streifen schneiden.

Die Rigatoni in gesalzenem Wasser mit 3 Eßlöffeln Olivenöl »al dente« kochen. Abschütten und abtropfen lassen. Den Knoblauch im restlichen heißen Olivenöl anbraten, den Salbei zugeben und kurz mitbraten.

Die Tomaten und die Rigatoni zum angebratenen Knoblauch und Salbei geben. Unterrühren und mit Salz und Pfeffer würzen. In tiefen Tellern anrichten und mit Parmesan bestreuen.

Tagliatelle mit Jakobsmuscheln & gerösteten Paprika

400 g Tagliatelle · Salz · 120 ml Olivenöl

2 rote Paprikaschoten, in Streifen geschnitten

1 gelbe Paprikaschote, in Streifen geschnitten

1 Lauchstange, in Streifen geschnitten

1 Knoblauchzehe, durch die Presse gedrückt

1 Zweig Thymian, gehackt · 100 ml Geflügelbouillon

etwas Petersilie · 500 g Jakobsmuscheln

weißer Pfeffer aus der Mühle · Saft von 1 Zitrone

Die Nudeln in gesalzenem Wasser mit 3 Eßlöffeln Öl bißfest garen. Kalt abschrecken und gut abtropfen lassen.

Die Paprikastreifen in 1 Eßlöffel heißem Olivenöl scharf anbraten und bei reduzierter Hitze fertiggaren. Mit wenig Salz würzen.

Den Lauch mit dem Knoblauch und dem Thymian in einem großen Topf in 1 Eßlöffel Öl andünsten, die Bouillon dazugießen und um die Hälfte einkochen. Mit der Petersilie sowie Salz und Pfeffer würzen.

Die Jakobsmuscheln aus den Schalen lösen und im restlichen heißen Olivenöl auf beiden Seiten scharf anbraten. Bei schwacher Hitze auf jeder Seite 1 Minute ziehen lassen.

Die Nudeln in der Lauch-Bouillon erhitzen, mit Salz, Pfeffer und Zitronensaft würzen. In tiefen Tellern anrichten. Die Jakobsmuscheln darauf geben und das Gericht mit den gerösteten Paprikastreifen umlegen.

Spaghetti mit getrockneten Tomaten & Basilikum

750 g Spaghetti · Salz · 5 EL Olivenöl

200 g getrocknete Tomaten, in Öl eingelegt

4 Knoblauchzehen, durch die Presse gedrückt

2 Bund Basilikum, in Streifen geschnitten

schwarzer Pfeffer aus der Mühle · 50 g Parmesan, gerieben

Die Spaghetti in gesalzenem Wasser mit 4 Eßlöffeln Öl »al dente« kochen. Kalt abschrecken und gut abtropfen lassen.

Die Tomaten grob hacken. Den Knoblauch im restlichen Öl goldgelb rösten, die Tomaten dazugeben und kurz mitrösten.

Die Spaghetti mit dem Basilikum unter die Knoblauch-Tomaten mischen und alles mit Salz und Pfeffer abschmecken. Die Hälfte vom Parmesan zum Schluß dazugeben. In tiefen Tellern anrichten und mit dem restlichen Parmesan servieren.

Pasta mit Spargel und Artischockenherzen

800 g grüner Spargel · 2 Schalotten, fein gehackt

30 g Butter · 8 Artischockenherzen, gekocht und geviertelt

200 ml Geflügelbouillon · 100 ml Sahne · 1 TL Dijon-Senf

1 Bund Basilikum, in Streifen geschnitten

Salz und schwarzer Pfeffer aus der Mühle

etwas Zitronensaft · 400 g Tagliatelle · 3 EL Olivenöl

Spargel waschen, die Stangen am unteren Drittel schälen, die Enden abschneiden und die Stangen in 3–4 cm lange Stücke schneiden. Über Dampf bißfest garen.

Die Schalotten in der Butter andünsten, die Artischocken hinzufügen und mitdünsten. Mit der Bouillon ablöschen, um die Hälfte einkochen, dann die Sahne dazugießen.

Senf, Basilikum und Spargelstücke dazugeben und alles mit Salz und Pfeffer und etwas Zitronensaft abschmecken.

Die Tagliatelle in gesalzenem Wasser mit dem Olivenöl »al dente« kochen. Das Kochwasser abschütten und die Pasta zu dem Gemüse und der Sauce geben. Nochmals mit Salz und Pfeffer nachwürzen.

Pappardelle mit Entensauce

2 Karotten, klein gewürfelt · 1 Stange Sellerie, klein gewürfelt

2 Zwiebeln, fein gehackt

3 Knoblauchzehen, durch die Presse gedrückt

4 EL Olivenöl · 500 g Entenbrust, ohne Haut

Salz und schwarzer Pfeffer aus der Mühle

400 ml italienischer Rotwein (z. B. Barolo)

500 g Geflügelbouillon · 1 Zweig Thymian, fein gehackt

1 Zweig Mayoran, fein gehackt

3 Stengel glatte Petersilie, fein gehackt

400 g Pappardelle · 30 g Butter · Parmesan zum Bestreuen

Karotten und Sellerie mit Zwiebeln und Knoblauch in 1 Eßlöffel heißem Olivenöl andünsten. Das Entenfleisch hinzufügen, mitbraten und alles mit Salz und Pfeffer würzen.

Mit dem Rotwein ablöschen, die Bouillon dazugießen und alles aufkochen. Die Kräuter hineinstreuen und das Ganze bei schwacher Hitze etwa 1¹/₂ Stunden köcheln lassen.

Das Fleisch aus der Sauce heben, etwas abkühlen lassen und grob hacken. Wieder in die Sauce geben und weitere 10 Minuten köcheln lassen. Mit Salz und Pfeffer pikant abschmecken.

Die Pappardelle in gesalzenem Wasser mit dem restlichen Öl »al dente« kochen. Kalt abschrecken, gut abtropfen und anschließend in der heißen Butter schwenken. Die Pappardelle auf die Teller verteilen, mit der Entensauce übergießen und mit frisch geriebenem Parmesan bestreuen.

Ricotta-Ravioli mit Majoran und Zitronen

Für die Füllung:

250 g Ricotta (ersatzweise Magerquark) · 4 Eigelb

150 g gekochter Schinken · Saft und Schale von 2 Zitronen

150 g Parmesan, gerieben · 60 g Pecorino, gerieben

2 Zweige Mayoran, fein gehackt

Salz und Pfeffer aus der Mühle

Außerdem:

400 g Nudelteig (siehe Grundrezepte) · Mehl zum Ausrollen

1 Eiweiß · Salz · 40 g Butter · 3 EL Olivenöl

6 Zweige Majoran, 2 davon gehackt

geriebener Parmesan zum Bestreuen

Für die Füllung den Ricotta mit den Eigelben schaumig rühren. Den Schinken fein hacken und dazugeben. Mit dem Zitronensaft und der Schale verrühren. Parmesan und Pecorino unterrühren. Alles mit Salz, Pfeffer und Majoran würzen.

Den Nudelteig auf einer bemehlten Arbeitsfläche zu 2 gleich großen Platten hauchdünn ausrollen. Auf eine Platte mit einem Eßlöffel walnußgroße Häufchen von der Füllung verteilen. Die Zwischenräume mit Eiweiß bestreichen. Die zweite Teigplatte darauflegen. Die Zwischenräume gut andrücken und mit Hilfe eines Ausstechers Ravioli ausstechen.

Die Ravioli in gesalzenem Wasser 4–5 Minuten bei schwacher Hitze garen. Die Butter mit dem Olivenöl und dem gehackten Majoran hellbraun schmelzen und die Ravioli darin wenden. In tiefen Tellern anrichten und jeweils mit einem Kräuterzweig garnieren. Mit geriebenem Parmesan servieren.

Gnocchi al Pesto

Für die Gnocchi:

500 g Kartoffeln, geschält · Salz

160–180 g Mehl (je nach Feuchtigkeit der Kartoffeln)

4 Eigelb · weißer Pfeffer aus der Mühle

geriebene Muskatnuß

Für die Pesto:

2 Bund Basilikum, grob gehackt · 100 ml Olivenöl

4 Knoblauchzehen, geschält · 2 EL Pinienkerne, gemahlen

30 g Pecorino, gerieben · 1/2 TL Salz

Außerdem:

30 g Pecorino, grob gehackt

Die Kartoffeln in leicht gesalzenem Wasser weich kochen. Das Kochwasser abgießen, die Kartoffeln etwas abdampfen lassen und durch eine Presse drücken oder mit dem Kartoffelstampfer zerdrücken. Mehl und Eigelbe hinzufügen und alles zu einem glatten Teig verarbeiten. Mit Salz, Pfeffer und Muskat würzen. Die Masse erkalten lassen.

Mit bemehlten Händen aus dem Teig haselnußgroße Stücke rollen. Mit Hilfe einer Gabel jede Rolle etwas flachdrücken. Die Gnocchi in siedendes, gesalzenes Wasser geben und darin garziehen lassen, bis sie an der Oberfläche schwimmen. Aus dem Wasser heben, gut abtropfen lassen und beiseite stellen.

Alle Zutaten für die Pesto in ein hohes Gefäß geben und mit dem Stabmixer fein pürieren. Die noch warmen Gnocchi mit der Pesto in einer beschichteten Pfanne vorsichtig schwenken. Auf einer großen Platte anrichten und mit dem gehackten Pecorino bestreuen.

Gnocchi mit Barbaresco-Sauce

3 Karotten, gewürfelt · 2 Zwiebeln, fein gehackt

20 g Butter · 1/4 l Rotwein (z. B. Barbaresco)

300 ml Fleischbouillon

Salz und schwarzer Pfeffer aus der Mühle

100 ml Sahne · 50 Gruyère, gerieben

20 g Parmesan, gerieben · schwarzer Pfeffer aus der Mühle

Für die Gnocchi:

800 g warme Pellkartoffeln · 20 g Gruyère, gerieben

2 Eigelb · 150–160 g Mehl · Salz · 40 g Butter

Für die Rotweinsauce Karotten und Zwiebeln in der Butter andünsten. Mit etwas Rotwein ablöschen und bei starker Hitze einkochen. Mehrmals wiederholen, bis der Rotwein aufgebraucht ist. Dann die Bouillon dazugießen und alles aufkochen. Die Sauce durch ein Sieb passieren. Mit Salz und Pfeffer würzen. Für die Käsesauce die Sahne aufkochen, den Käse hinzufügen und mit wenig Pfeffer würzen.

Die noch warmen Kartoffeln pellen und mit dem Kartoffelstampfer zerdrücken. Käse, Eigelbe und Mehl darunterarbeiten, gut vermengen und alles mit Salz würzen. Zu einem glatten, nicht klebrigen Teig verarbeiten.

Aus dem Teig walnußgroße Kugeln formen und diese auf ein Blech legen. Jeweils eine Kugel in die bemehlte Handfläche nehmen und mit einer bemehlten Gabelspitze mehrmals eindrücken.

Die Gnocchi in siedendem, gesalzenem Wasser 4–5 Minuten garziehen lassen. Kalt abschrecken und auf einem Küchentuch abtropfen lassen. In der geschmolzenen Butter schwenken und salzen. Die Rotweinsauce in tiefe Teller verteilen, die Gnocchi darauf geben. Mit der Käsesauce beträufeln.

Devils Burger

600 g Rinderfleisch, durch den Fleischwolf getrieben

1 TL Worcestershiresauce · 2 Knoblauchzehen, gepreßt

1 TL Chilipulver · 2 TL Tabasco-Sauce

1/2 TL Cayennepfeffer · 1 Jalapenopfefferschote, fein gehackt

2 TL scharfer Senf · Salz und Pfeffer aus der Mühle

40 ml Wasser · 1 TL Tabasco · 2 EL Bier

100 g Frühstücksspeck in Tranchen

5 EL Pflanzenöl · Käse-Pommes · 4 Kartoffeln

200 ml Fritierfett · Salz · 200 g Cheddarkäse, gerieben

Dazu Coleslaw (s. S. 88)

Das Rindfleisch in eine Schüssel geben, die Gewürze beigeben und gut vermengen. Mit Salz und Pfeffer aus der Mühle würzen. Aus der Fleischmasse 4 gleichgroße Burger formen und in den Kühlschrank stellen.

Für die Käsesauce das Wasser aufkochen, das Bier beigeben und den Käse darin schmelzen. Den Speck in feine Streifen schneiden und in der Pfanne knusprig braten.

Das Pflanzenöl in einer Teflonpfanne erhitzen und die Burger auf beiden Seiten anbraten. Die Hitze reduzieren und die Burger auf beiden Seiten je 3–4 Minuten fertig backen.

Die Kartoffeln schälen, Pommes frites zuschneiden und im heißen Fett goldgelb ausbacken. Aus dem Fett nehmen, auf einem Küchenkrepp-Papier abtropfen; die Kartoffeln salzen, den Speck beigeben und auf den Tellern anrichten.

Die warme Käsesauce über die Pommes träufeln und den Burger dazu anrichten. Mit Coleslawsalat und Chilisauce servieren.

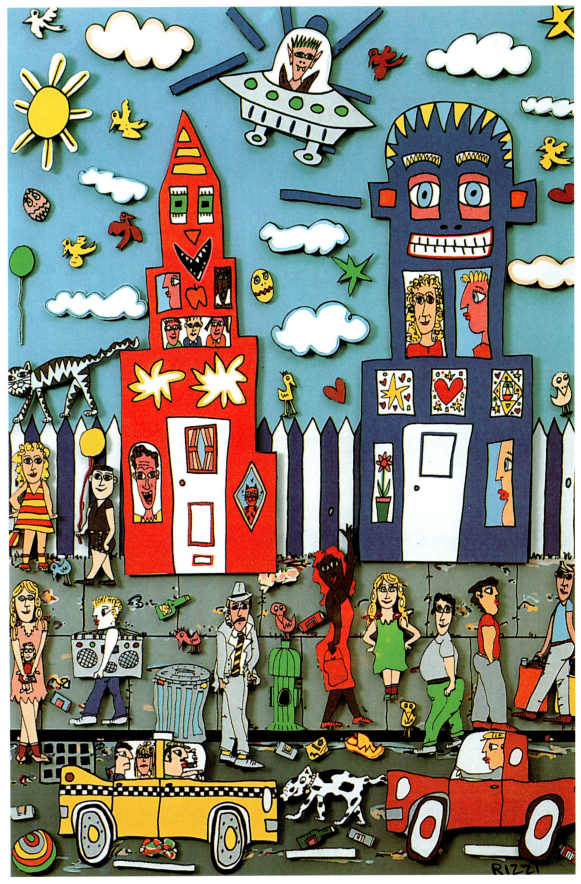

Movin' on (Detail)

Barbecued Chicken Burger

Für die Salsa:

1 grüne Paprikaschote, klein gewürfelt

2 Chilischoten, fein gewürfelt

2 Knoblauchzehen, durch die Presse gedrückt

1 Zwiebel, fein gehackt · 150 ml Tomatenketchup

Salz und schwarzer Pfeffer aus der Mühle

Für die Burger:

800 g Geflügelfleisch, durch die mittlere Scheibe gedreht

80 g Maiskörner · 1 Ei, verquirlt

Salz und weißer Pfeffer aus der Mühle

4 EL Sonnenblumenöl · 4 Hamburger-Brötchen

4 Blätter Eisbergsalat · Ketchup

2 rote Zwiebeln, in Ringe geschnitten

1 Essiggurke, in Scheiben geschnitten

4 Scheiben Goudakäse

Für die Salsa Paprika, Chilis, Knoblauch, Zwiebel, Ketchup und etwas Salz und Pfeffer in einer Schüssel mischen.

Das Geflügelhack mit dem Mais und dem Ei in eine Schüssel geben, gut vermengen und mit Salz und Pfeffer würzen. In 4 gleich große Portionen teilen und Burger daraus formen.

Das Öl erhitzen und die Burger auf beiden Seiten anbraten, dann bei schwacher Hitze garziehen lassen.

Die Brötchen quer aufschneiden und mit der Schnittfläche auf die Herdplatte oder den Grill-aufsatz vom Toaster legen und rösten. Je 1 Salatblatt auf die unteren Hälften legen. Burger daraufsetzen, Ketchup darauf geben, mit roten Zwiebelringen und Gurkenscheiben belegen.

Jeweils 1 Käsescheibe darauf legen und die Hamburger im Ofen kurz überbacken, so daß der Käse schmilzt. Den Brötchendeckel darauf setzen. Mit Pommes frites und der Barbecue-Salsa servieren.

Thanksgiving-Burger

Für das Relish:

400 g Preiselbeeren · Saft von $1/2$ Orange

4 EL Honig · 60 g Zucker · 1 Msp. Zimtpulver

Pfeffer aus der Mühle

Für die Burger:

700 g Putenbrustfilet · 2 Zwiebeln, fein gehackt

2 Knoblauchzehen, durch die Presse gedrückt

1 TL Butter · Salz und Pfeffer aus der Mühle

80 g Semmelbrösel · 2 EL Pflanzenöl

4 Hamburger-Brötchen · 4 Eisbergsalatblätter

Am Tag zuvor das Preiselbeer-Relish zubereiten. Dafür die Preiselbeeren mit dem Orangensaft, dem Honig und dem Zucker in einen Topf geben. Aufkochen und bei schwacher Hitze 2–3 Minuten köcheln lassen. Mit Zimt und Pfeffer würzen. Das Relish mindestens 12 Stunden ziehen lassen.

Das Putenfleisch durch die mittlere Scheibe des Fleischwolfs treiben und in eine Schüssel geben. Zwiebeln und Knoblauch in der Butter weich dünsten. Mit den Semmelbröseln zum Fleisch geben und alles gut vermengen. Mit Salz und Pfeffer würzen. Aus der Fleischmasse Burger formen. Diese etwa 1 Stunde in den Kühlschrank stellen.

Den Ofen auf 200 Grad vorheizen. Die Burger auf beiden Seiten im heißen Pflanzenöl anbraten, aus der Pfanne nehmen und im Ofen in 10–12 Minuten fertiggaren.

Die Brötchen quer aufschneiden, auf den Schnittflächen leicht toasten, die unteren Seiten mit je 1 Salatblatt belegen und die Burger daraufsetzen, mit Relish überziehen, den Brötchendeckel daraufsetzen. Nach Belieben mit eingelegtem Kürbis und Pommes frites servieren.

J. RIZY   "PICKNICK IN CENTRAL PARK"

Picknick im Central Park

„... Der Central Park ist das Herz New Yorks! Zwischen siebzehn und dreiundzwanzig war ich jeden Tag dort, um Musik zu hören, Freunde zu treffen und mich für den Abend zu verabreden. In den Picknickkorb gehören für mich dicke Käse-Schinken-Sandwiches, Pickles, frische Säfte, Kaffee, Obst, Cookies...“

Broadway-Steak-Sandwich with Mustard-Salsa

Für die Salsa:

1 Chilischote · 6 TL Pommery-Senf · ¹/₂ Bund Kerbel, fein gehackt · 5 EL Olivenöl · Saft von 1 Zitrone · Salz

Für den Belag:

800 g Rindersteak aus der Hochrippe (Zwischenrippenstück) 2 EL Sonnenblumenöl · Salz und schwarzer Pfeffer aus der Mühle · 2 rote Zwiebeln · 40 g Butter · einige Salatblätter 1 Baguette · 1 Kästchen Gartenkresse · 3 Tomaten, in Scheiben geschnitten · Salz · Olivenöl zum Beträufeln 6 EL Guacamole (siehe Grundrezepte)

Für die Salsa die Chilischote halbieren, entkernen, gründlich waschen und fein hacken. Den Senf, Kerbel, Öl und den Zitronensaft in eine Schüssel geben und mit etwas Salz würzen.

Das Fleisch in dünne Scheiben schneiden, im heißen Öl rosa braten und mit Salz und Pfeffer bestreuen. Aus der Pfanne nehmen und in Streifen schneiden. Die Zwiebeln schälen, in 3–5 mm dicke Ringe schneiden und in der Butter bräunen.

Die Salatblätter waschen und gut abtropfen lassen. Das Baguette der Länge nach aufschneiden, die untere Hälfte mit der Salsa bestreichen. Salatblätter und abgeschnittene Kresse darauf verteilen. Dann das Fleisch zusammen mit den Zwiebelringen und den Tomatenscheiben darauf geben. Mit etwas Salz bestreuen und mit wenig Olivenöl beträufeln.

Die Schnittfläche der oberen Baguettehälfte mit der Guacamole bestreichen, auf die belegte Brothälfte setzen und leicht andrücken. Das Baguette-Sandwich in Portionen schneiden.

Reuben-Sandwich

100 g mildes Sauerkraut

Für die Knoblauchbutter:

40 g Butter · 1 EL Schnittlauch, fein geschnitten 1 Knoblauchzehe, durch die Presse gedrückt · Salz

Außerdem:

4 EL Mayonnaise · ¹/₂ Zwiebel, fein gehackt 1 TL Chilisauce · Salz und Pfeffer aus der Mühle 8 Scheiben Schwarzbrot 250 g Corned beef, sehr dünn aufgeschnitten 250 g Gouda, in Scheiben geschnitten

Außerdem:

getrocknete Tomaten, in Öl eingelegt · Mixed Pickles

Das Sauerkraut erwärmen und gut abtropfen lassen. Für die Knoblauchbutter die Butter schaumig rühren, Knoblauch, Schnittlauch und Salz hinzufügen.

Die Mayonnaise in eine Schüssel geben. Mit Chilisauce und Zwiebel verrühren, mit Salz und Pfeffer würzen.

Die Brotscheiben nebeneinander legen, 4 Scheiben mit der gewürzten Mayonnaise bestreichen. Dann Corned beef, Käse und Sauerkraut darauf verteilen. Die übrigen Brotscheiben darauf legen.

Die Sandwiches außen mit der Knoblauchbutter bestreichen und auf beiden Seiten grillen, bis der Käse innen schmilzt und das Fleisch warm ist. Mit getrockneten, in Öl eingelegten Tomaten und Pickles servieren.

Brioche-Sandwich mit Roastbeef

5 Knoblauchzehen, fein gewürfelt · 3 EL Olivenöl

30 g Butter · 80 g Mayonnaise

2 TL Meerrettich

Salz und Pfeffer aus der Mühle

250 g rosa gebratenes Roastbeef · 4 Brioche

1 Handvoll Brunnenkresse

Den Knoblauch im heißen Olivenöl goldgelb dünsten. Mit etwas Wasser ablöschen und weich dämpfen. Im Mixer oder mit einem Mörser fein pürieren. Die Butter cremig rühren und den Knoblauch daruntermengen.

Die Mayonnaise mit dem Meerrettich verrühren und mit Salz und Pfeffer würzen. Das Fleisch in hauchdünne Scheiben schneiden.

Die Brioche quer durchschneiden, die unteren Hälften mit der Meerrettichmayonnaise bestreichen, die oberen mit der Knoblauchbutter.

Die unteren Briochehälften mit der gewaschenen Brunnenkresse belegen, und das Roastbeef locker darauf verteilen. Jeweils die oberen Hälften darauf legen und leicht andrücken. Die Brioche-Sandwiches halbieren und nach Belieben mit einem Blatt- oder Nudelsalat servieren.

Peanutbutter-Jelly-Sandwich

8 Scheiben Toastbrot · 50 g Erdnußcreme

50 g Preiselbeerkompott (aus dem Glas)

Die Brotscheiben nebeneinander legen. Alle Scheiben mit der Erdnußcreme bestreichen und anschließend das Preiselbeerkompott auf 4 Scheiben verteilen.

Die mit Erdnußcreme bestrichenen Scheiben darauf legen und leicht andrücken. Die Sandwiches diagonal durchschneiden.

Dattelbrot-Sandwich mit Speck

Für den Brotteig:

150 g frische Datteln, entsteint · 50 g Butter

50 g brauner Zucker · 50 g Zucker

150 ml kochendheißes Wasser · 1 Ei, verquirlt

1/2 TL Salz · 190 g Mehl · 2 TL Backpulver

Für die Füllung:

100 g Frühstücksspeck, in Scheiben

140 g Doppelrahm-Frischkäse

Außerdem:

Butter und Mehl für die Form

Datteln, Butter und Zucker in eine Schüssel geben. Mit dem Wasser übergießen. Gut verrühren, die Masse dabei leicht andrücken und die Datteln 10 Minuten ruhen lassen. Vollständig abkühlen lassen, dann das verquirlte Ei, Salz, Mehl und Backpulver hinzufügen.

Eine Kastenform mit Butter ausstreichen, mit Mehl ausstäuben und den Teig einfüllen. Im auf 180 Grad vorgeheizten Ofen 45–50 Minuten backen. Aus dem Ofen nehmen, 10 Minuten in der Form, dann auf einem Kuchengitter erkalten lassen.

Für die Füllung den Speck in feine Streifen schneiden und in der Pfanne goldgelb knusprig braten. Erkalten lassen und unter den Frischkäse mischen.

Das Brot in Scheiben schneiden. Die Hälfte der Scheiben mit der Speckfüllung bestreichen. Die übrigen Brotscheiben daraufklappen.

Chicken-Curry-Sandwich with Coriander

4 EL Mayonnaise · 1 1/2 TL Currypulver

2 TL Koriandergrün, fein gehackt

300 g gebratenes Hähnchenbrustfilet

10 Eisbergsalatblätter · 40 g Rosinen

Salz und Pfeffer aus der Mühle · 8 Scheiben Toastbrot

Mayonnaise, Currypulver und Koriander in eine Schüssel geben und gut verrühren. Das Fleisch in Streifen schneiden.

Die Salatblätter waschen, trockenschleudern und in Streifen schneiden. Zusammen mit den Hähnchenbrustfiletstreifen und den Rosinen zu der Curry-Mayonnaise geben. Gut mischen und mit Salz und Pfeffer abschmecken.

4 Brotscheiben nebeneinander legen und das Hähnchencurry gleichmäßig darauf verteilen. Mit den restlichen Brotscheiben bedecken, leicht andrücken und die Sandwiches diagonal durchschneiden.

Chicken-Club-Sandwich

6 Hähnchenbrustfilets · Salz und weißer Pfeffer aus der Mühle

3 EL Olivenöl · 8 grüne Salatblätter · 1 TL Dijon-Senf

100 g Mayonnaise · 4 Eier, hartgekocht und geschält

12 Scheiben Frühstücksspeck · 12 Scheiben Toastbrot

2 Tomaten, in dünne Scheiben geschnitten

1 rote Paprika, in Streifen geschnitten und geröstet

4 schwarze Oliven · 4 grüne, gefüllte Oliven

4 Kirschtomaten, gewaschen

Die Hähnchenbrüste mit Salz und Pfeffer bestreuen und im heißen Olivenöl anbraten. Bei schwacher Hitze garziehen lassen. Herausnehmen und schräg in feine Scheiben schneiden.

Die Salatblätter waschen, trockenschleudern und in feine Streifen schneiden. In eine Schüssel geben. Senf und Mayonnaise hinzufügen und mit dem Salat mischen. Alles mit Salz und Pfeffer würzen.

Die Eier in Scheiben schneiden, den Speck knusprig braten. Die Brotscheiben toasten und nebeneinander legen. Auf 8 Scheiben zuerst den angemachten Salat, dann die Tomatenscheiben, Paprikastreifen und Eierscheiben verteilen. Jede Lage mit Salz und Pfeffer bestreuen.

Jeweils 2 belegte Scheiben Brot aufeinanderlegen, mit einer leeren Brotscheibe bedecken und leicht andrücken. Jedes Sandwich mit 3 Zahnstochern zusammenstecken, damit sie nicht auseinanderfallen.

Die Sandwiches jeweils in 3 gleich große Stücke schneiden. Je 1 Speckscheibe und 1 Olive bzw. Kirschtomate auf die Zahnstocher stecken. Dazu Coleslaw (siehe Seite 88) servieren.

Entenbrust-Sandwich mit Aprikosen & Kresse

Für die Marinade:

Saft von 1 Orange · 1/2 Knoblauchzehe, durch die Presse gedrückt · 4 EL Sojasauce · Salz

Außerdem:

4 Entenbrüste, je ca. 120 g · 100 g getrocknete Aprikosen

5 EL Wasser · 1 TL Sojasauce · 1/2 TL Ingwerpulver

1 EL Himbeeressig · Salz und Pfeffer aus der Mühle

3 EL Olivenöl · 4 Brötchen · 50 g Brunnenkresse

Orangensaft, Knoblauch und Sojasauce verrühren. Mit etwas Salz würzen. Die Entenbrüste in eine flache Form legen und mit der Marinade bestreichen. Zudecken und im Kühlschrank 24 Stunden marinieren lassen. Dabei ab und zu wenden.

Die Aprikosen fein hacken und in eine Schüssel geben. Das Wasser aufkochen und über die Aprikosen gießen. 1 Stunde aufquellen lassen. Das Wasser abgießen, Sojasauce, Ingwer und Essig zu den Aprikosen geben und mit Salz würzen.

Die Entenbrüste aus der Marinade nehmen, gut abtropfen lassen, mit Salz und Pfeffer bestreuen und im heißen Olivenöl auf beiden Seiten scharf anbraten. Die Hitze reduzieren und das Fleisch rosa garen.

Die Brötchen quer aufschneiden und den Boden mit der »Aprikosenbutter« bestreichen. Die gewaschene Brunnenkresse darauf verteilen. Die Entenbrust aufschneiden, lauwarm auf den Salat legen und mit dem Brötchendeckel abdecken, leicht andrücken.

Grilled Cheese-Sandwich

2 rote Paprikaschoten, in Würfel geschnitten

2 EL Olivenöl · 1 Chilischote, entkernt

50 g Tomaten aus der Dose · Salz und Pfeffer aus der Mühle

Saft von $1/2$ Zitrone · 8 Scheiben Weißbrot

20 g weiche Butter · 120 g Gouda, in Scheiben

2 EL Sauerrahm · $1/2$ reife Avocado

1 kleine rote Zwiebel, in Ringe geschnitten

2 TL Koriandergrün, fein gehackt

Die Paprika im Olivenöl anbraten, die Chilischote und die Tomaten hinzufügen und bei schwacher Hitze garen. Im Mixer fein pürieren und mit Salz, Pfeffer und Zitronensaft würzen.

Die Brotscheiben mit der weichen Butter bestreichen. Die Hälfte der Brotscheiben mit der bebutterten Seite in der Pfanne goldgelb braten. Jeweils die gebratene Seite mit einigen Käsescheiben belegen, dann mit dem Paprikapüree bestreichen. Den Sauerrahm darauf geben.

Die Avocadohälfte in feine Streifen schneiden. Mit den Zwiebelringen auf die belegten Brotscheiben geben. Alles mit Koriandergrün bestreuen und mit dem restlichen Käse abdecken. Die übrigen Brotscheiben daraufsetzen, leicht andrücken.

Die Sandwiches im Ofen goldbraun überbacken. Aus dem Ofen nehmen, diagonal halbieren und mit Blattsalat oder grünem Spargel servieren.

Coleslaw

1 Kopf Weißkohl (ca. 600 g) · 150 g Karotten

80 g Rosinen · 100 g Mayonnaise

3 TL Zucker · 2 TL Senf · 4 EL Weißweinessig

Die äußeren Blätter vom Kohl ablösen und den Kohlkopf in Viertel schneiden. Den Strunk entfernen, den Kohl waschen, in Streifen schneiden und in eine Schüssel geben.

Die Karotten putzen, schälen, waschen und fein raspeln. Mit den Rosinen zum Kohl geben.

Mayonnaise, Zucker, Senf und Essig in einer Schüssel verrühren, über die Rohkost gießen und alles gut vermischen.

Lobster-Sandwich

100 g Mayonnaise

1 Knoblauchzehe, durch die Presse gedrückt

Saft von 2 Zitronen

100 g Stangensellerie, in Scheibchen geschnitten

1 kleine rote Zwiebel, fein gehackt

Salz und weißer Pfeffer aus der Mühle

400 g Hummerfleisch, gekocht

80 g Frühstücksspeck in Scheiben

4 Hot-Dog-Brötchen · 20 g Butter

Die Mayonnaise, den Knoblauch und den Zitronensaft in eine Schüssel geben. Den Stangensellerie zusammen mit der Zwiebel unter die Mayonnaise mischen. Mit Salz und Pfeffer würzen.

Das Hummerfleisch in Würfel schneiden und unter die Mayonnaise rühren. Den Speck in feine Streifen schneiden und in der Pfanne goldgelb braten. Aus der Pfanne nehmen und auf Küchenkrepp abtropfen lassen.

Die Hot-Dog-Brötchen aufschneiden, mit Butter bestreichen und toasten. Die Füllung in das Brötchen geben und die knusprig gebratenen Speckstreifen darüberlegen.

Sandwich mit Lamm, Ruccola & Paprika

Für die Chips:

4 Kartoffeln · 2 Rote Bete · 1 Lotuswurzel

200 ml Erdnußöl zum Fritieren · Salz

Für die Sandwiches:

3 rote Paprikaschoten · 5 EL Olivenöl

Salz und schwarzer Pfeffer aus der Mühle

8 marinierte Artischockenherzen · 50 g weiche Butter

1 Knoblauchzehe, durch die Presse gedrückt

8 Scheiben Bauernbrot · 1 Bund Ruccola

500 g gegarter Lammrücken, noch warm

100 g Ziegenkäse, gewürfelt

Kartoffeln, Rote Bete und Lotuswurzel schälen, in dünne Scheiben schneiden und im heißen Fett knusprig ausbacken. Aus dem Öl heben und auf Küchenkrepp gut abtropfen lassen. Die Chips mit Salz würzen.

Die Paprika in Streifen schneiden und im Olivenöl braten. Mit Salz und Pfeffer würzen. Die Artischockenherzen halbieren.

Die Butter mit dem Knoblauch cremig rühren und mit Salz und Pfeffer würzen. Die Brotscheiben toasten und mit der Knoblauchbutter bestreichen.

Ruccola putzen, waschen und trockenschleudern. Auf die Brote verteilen. Das Lammfleisch in dünne Scheiben schneiden und auf den Ruccola legen. Ebenso die noch warmen Paprikastreifen und die halbierten Artischockenherzen.

Den Ziegenkäse auf das Gemüse streuen. Die übrigen Brotscheiben daraufsetzen und leicht andrücken. Zusammen mit den Chips servieren.

Tuna-Sandwich with Olives

Für die Mayonnaise:

2 Eigelb · 1 TL Senf · 1 Knoblauchzehe, durch die Presse gedrückt · 5 EL Olivenöl · Saft von 1 Zitrone

Salz und weißer Pfeffer aus der Mühle

Für den Belag:

1 rote Paprikaschote, in Streifen geschnitten · 3 EL Olivenöl

320 g Thunfischfilet, in 4 Stücke geteilt · Salz und schwarzer Pfeffer aus der Mühle · 2 Bund Ruccola

4 kleine Focacciabrote (italienische Fladenbrote)

4 marinierte Artischockenherzen, halbiert

2 TL Kapern, grob gehackt

10 schwarze Oliven, entsteint und grob gehackt

Für die Mayonnaise die Eigelbe mit dem Senf und dem Knoblauch cremig rühren. Nach und nach das Olivenöl und den Zitronensaft darunterrühren, alles mit Salz und Pfeffer würzen.

Paprikastreifen in etwas heißem Olivenöl in einer Pfanne andünsten und garen. Aus der Pfanne nehmen. Thunfisch mit Salz und Pfeffer würzen und im verbliebenen Olivenöl anbraten. In den auf 180 Grad vorgeheizten Ofen geben und etwa 15 Minuten garen. Aus dem Ofen nehmen und in Scheiben schneiden.

Ruccola waschen und die groben Stengel abschneiden. Die Brote quer aufschneiden, die Schnittflächen leicht toasten und die unteren Hälften jeweils auf einen Teller legen.

Mit Ruccola belegen, dann den Thunfisch, die Artischocken, die Kapern, die Oliven und die Paprikastreifen darauf geben. Die Mayonnaise schräg darübergießen und die obere Hälfte der Brote jeweils darauf setzen.

90

RIZZI   "AUTUMN"

Eier-Sandwich mit grünem Spargel

600 g grüner Spargel, geschält · 30 g Butter · Salz

80 g Feldsalat · 2 EL Balsamico-Essig

4 EL Sonnenblumenöl · Salz und weißer Pfeffer aus der Mühle · 2 Karotten, in feine Streifen geschnitten

100 ml Erdnuß- oder Sonnenblumenöl

4 Scheiben Vollkornbrot · 4 Eier · 100 ml Sahne

1 Schalotte, fein gehackt · 40 g Butter

1 Bund Schnittlauch · 1/2 Bund glatte Petersilie, fein gehackt

Den Spargel waschen, die Stangen im unteren Drittel schälen, Enden abschneiden und den Spargel in gesalzenem Wasser mit der Butter bißfest garen.

Den Salat putzen, waschen, trockenschleudern und in eine Schüssel geben. Essig und Öl verrühren und mit Salz und Pfeffer würzen. Das Dressing zum Salat geben und unterheben.

Die Karottenstreifen im heißem Öl ausbacken, herausnehmen und auf Küchenkrepp abtropfen lassen.

Die Brotscheiben leicht toasten und auf die Teller legen. Die Eier in einer Schüssel verquirlen und die Sahne dazurühren. Die Schalotte in der Butter andünsten, die Kräuter hinzufügen und kurz mitdünsten. Die Eimasse dazugeben und bei schwacher Hitze unter gelegentlichem Rühren stocken lassen. Mit Salz und Pfeffer würzen.

Das Rührei auf die Brotscheiben verteilen, die warmen Spargelstangen dazu arrangieren. Die Karottenstreifen daraufstreuen und den marinierten Salat neben dem Rührei anrichten.

Crab-Salad with Thousand-Island-Dressing

Für den Salat:

100 g Feldsalat · 1 EL Balsamico-Essig · 1 EL Sherryessig

1 TL Dijon-Senf · 2 Schalotten, fein gehackt

6 EL Olivenöl · Salz und Pfeffer aus der Mühle

Für das Thousand-Island-Dressing:

3 EL Mayonnaise · 2 EL Natur-Joghurt · 2 EL Tomatenketchup

2 cl Cognac · 1 rote Zwiebel, fein gehackt

Salz und Pfeffer aus der Mühle

Außerdem:

500 g Crabmeat · 15 Kirschtomaten, halbiert

4 hartgekochte Eier, geviertelt

1 reife Avocado, gewürfelt

2 EL glatte Petersilie, fein gehackt · 2 Zitronen

Den Salat putzen, waschen, trockenschleudern und in eine Schüssel geben. Essig, Senf, Schalotten, Olivenöl, Salz und Pfeffer zu einem Dressing verrühren. Beiseite stellen.

Für das Thousand-Island-Dressing Mayonnaise, Joghurt, Ketchup, Cognac und die Zwiebel in einer kleinen Schüssel verrühren. Mit Salz und Pfeffer pikant würzen.

Das Salat-Dressing über den Salat geben, unterheben, dann den Salat auf 4 Tellern zu einem flachen Beet anrichten.

Das Krabbenfleisch darauf verteilen und mit dem Thousand-Island-Dressing überziehen. Tomaten, Eiviertel und Avocadowürfel darübergeben. Den Salat mit der gehackten Petersilie bestreuen und mit Zitronenhälften anrichten.

Nektarinen-Aprikosen-Kuchen

Für den Teig:

2 Eier · 120 ml Sonnenblumenöl · 180 ml Orangensaft

3 Nektarinen · 200 g brauner Zucker · 2 TL Honig

250 g Mehl · 1 TL Backpulver

Außerdem:

Butter und Mehl für die Form

Für die Glasur:

200 g Doppelrahm-Frischkäse · 120 g Aprikosenkonfitüre

1 EL Puderzucker

Die Eier, Öl und Orangensaft in eine Schüssel geben und mit den Quirlen des Handrührgeräts schaumig schlagen.

Die Nektarinen waschen, halbieren, entsteinen und grob hacken. Zucker, Honig und Nektarinen zu der Eier-Öl-Masse geben und gut untermischen.

Das Mehl und das Backpulver in eine Schüssel sieben und eßlöffelweise unter die zubereitete Eiermasse rühren.

Eine Kastenform mit Butter ausstreichen, mit Mehl ausstäuben und den Teig hineinfüllen. Im auf 180 Grad vorgeheizten Ofen 40–45 Minuten backen. Den Kuchen aus dem Ofen nehmen und erkalten lassen.

Für die Glasur den Frischkäse mit der Aprikosen-konfitüre und dem Puderzucker verrühren und auf den Kuchen streichen.

Tip: Transportieren Sie den Kuchen zum Picknick am besten in der Form.

Honig-Apfelkuchen

80 g Honig · 80 g Butter · 1 Msp. gemahlene Muskatnuß

1 Prise Nelkenpulver · 1 TL Zimtpulver · 1 Prise Salz

160 g Mehl · 1 EL Backpulver · 800 g Äpfel

Glasur:

30 g Honig · 30 g Butter · 30 g Kokosflocken

30 g Walnußkerne

Honig und Butter in einer Schüssel schaumig schlagen. Gewürze, Mehl und Backpulver in einer Schüssel mischen und unter die Butter-Honig-Mischung rühren. Die Äpfel schälen, das Kern-gehäuse entfernen und die Äpfel in feine Scheibchen schneiden. Zum Teig geben und alles gut ver-mengen.

Eine Kastenform mit Butter ausstreichen, mit Mehl ausstäuben und den Teig einfüllen. Im auf 180 Grad vorgeheizten Ofen 50–60 Minuten backen.

Für die Glasur sämtliche Zutaten vermengen. Nach 20 Minuten der Backzeit den Kuchen damit be-streichen, dann fertigbacken. Aus dem Ofen neh-men, in der Form ein paar Minuten ruhen lassen, dann aus der Form lösen und auf einem Kuchen-gitter vollständig auskühlen lassen.

RIZZI　　　　　　　"TAXI"

Marinierte Pilze

500 g Champignons

1 Knoblauchzehe, durch die Presse gedrückt

1 EL Rotweinessig · 200 ml Olivenöl

2 Zweige Oregano, fein gehackt

1/2 Bund Basilikum, fein gehackt

Salz und schwarzer Pfeffer aus der Mühle

Die Pilze putzen, in Viertel schneiden und in eine kleine Schüssel geben. In einer großen Schüssel Knoblauch, Essig, Öl und Kräuter verrühren.

Die Pilze dazugeben. Alles mit Salz und Pfeffer würzen.

Chef Salad

1 Kopf grüner Salat · 250 g Monterey Jack Cheese

(ersatzweise Cheddarkäse) · 10 Kirschtomaten

4 hartgekochte Eier, geschält · 150 g gekochter Schinken

150 g gegartes Putenfleisch

Für das Dressing:

Saft von 1 Zitrone · 1 EL Dijon-Senf

1 EL glatte Petersilie, fein gehackt · 1 Schalotte, fein gehackt

Salz und Pfeffer aus der Mühle · 6 EL Sonnenblumenöl

Außerdem:

ausgebratene Speckwürfel nach Belieben

Den Salat halbieren, die Blätter ablösen, waschen und trockenschleudern, in eine große Schüssel geben. Den Käse grob zum Salat reiben.

Die Kirschtomaten waschen und halbieren, die Eier vierteln. Schinken und Putenfleisch in Streifen schneiden. Alles zum Salat in die Schüssel geben.

Für das Dressing alle angegebenen Zutaten in einer kleinen Schüssel verrühren, über die Salatzutaten gießen und unterheben. Den Salat nach Belieben mit knusprig gebratenen Speckwürfeln bestreuen.

Tip: Die Salatzutaten in eine große Box geben, das Dressing in eine zweite Box füllen und den Salat erst am Picknickplatz anmachen.

Zucchini-Tomaten-kuchen mit Majoran

Butter und Mehl für die Form

150 g Tiefkühl-Blätterteig · 350 g Zucchini

300 g Tomaten · 8 getrocknete Tomaten

2 Knoblauchzehen, durch die Presse gedrückt

1 Zwiebel, in dünne Ringe geschnitten

2 Zweige Majoran, fein gehackt · 2 Eigelb

2 Eier · 300 ml Sahne · 80 g Gruyère, gerieben

Salz und schwarzer Pfeffer aus der Mühle

Eine Springform mit Butter ausstreichen und mit dem Mehl ausstäuben. Den aufgetauten Teig 2 mm dünn ausrollen, in die Form legen und gut andrücken. Den Boden mit einer Gabel einstechen.

Für die Füllung die Zucchini und die Tomaten waschen, putzen, in Scheiben schneiden und in eine Schüssel geben. Die getrockneten Tomaten in Streifen schneiden und hinzufügen.

Knoblauch, Zwiebelringe, Majoran, Eigelbe, Eier, Sahne und Käse gut verrühren, dann unter das Gemüse mischen. Mit Salz und schwarzem Pfeffer würzen.

Die Gemüsefüllung auf den Teig geben und den Kuchen im auf 180 Grad vorgeheizten Ofen etwa 45 Minuten backen.

Schinken-Käse-Muffins

Zutaten für 12 Muffins:

250 g Mehl · 1 TL Backpulver · $^1/_2$ TL Salz

1 Ei, verquirlt · $^1/_4$ l Buttermilch · 3 EL Sonnenblumenöl

3 EL Olivenöl · 120 g Cheddarkäse, gerieben

220 g gekochter Schinken, in Streifen geschnitten

Außerdem:

Butter und Mehl für die Form

Das Mehl mit dem Backpulver in eine große Schüssel sieben. Salz hinzufügen. In einer zweiten Schüssel das Ei, die Buttermilch und die beiden Öle verrühren. Den Käse und den Schinken dazugeben, gut untermischen und zuletzt die Mehlmischung nach und nach darunterarbeiten.

Die Muffinförmchen mit Butter ausstreichen, mit Mehl ausstäuben und diese zu zwei Drittel mit der Masse füllen. Im auf 200 Grad vorgeheizten Ofen in 20–25 Minuten goldbraun backen. Aus dem Ofen nehmen, die Muffins ein paar Minuten ruhen lassen, dann aus den Förmchen lösen.

"GOOD KITTY"

Sommertomaten-Salat

4 gelbe Tomaten · 4 rote Tomaten · 20 Kirschtomaten

15 gelbe Birnen- oder Kirschtomaten

Für das Dressing:

1 TL Dijon-Senf

8 EL Olivenöl · 1 Schalotte, fein gehackt

2 EL Balsamico-Essig · Salz und weißer Pfeffer aus der Mühle

$^{1}/_{2}$ Bund Kerbel, fein gehackt

$^{1}/_{2}$ Bund Schnittlauch, fein geschnitten

4 Pfefferminzblättchen, fein gehackt

"ALL FALL DOWN"

Die gelben und roten Tomaten oben kreuzweise einschneiden, den Strunk entfernen und für 15 Sekunden in kochendes Wasser tauchen. Kalt abschrecken, aus dem Wasser heben und häuten. Die Tomaten in Scheiben schneiden.

Die Kirschtomaten waschen, halbieren und zusammen mit den Tomatenscheiben auf 4 Tellern anrichten.

Für das Dressing den Senf, Öl, Schalotten und den Balsamico-Essig verrühren und mit Salz und Pfeffer pikant würzen. Die Kräuter über die Tomaten streuen und das Dressing darüber träufeln.

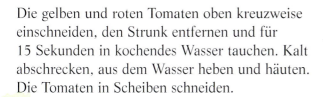

"HOUND DOG"

"EATING MEXICAN FOOD" J·RIZZI

Tacos, Fajitas & Burritos

„... vor allem scharf gewürzt müssen sie sein.
Spicy Chicken Wings, Fajitas oder Burritos mit saftig
gebratenem Geflügel finde ich mittlerweile überall in
Manhattan – Siesta Mexicana für mich!"

Chicken Enchiladas

800 g gekochtes Geflügelfleisch · 400 g Sauerrahm

1 TL Majoran, fein gehackt · 250 g Cheddar, gerieben

Salz und schwarzer Pfeffer aus der Mühle

2 Zwiebeln, fein gehackt

4 Knoblauchzehen, durch die Presse gedrückt

3 EL Olivenöl · 2 Dosen Tomaten (à 400 g)

3 Chilischoten, entkernt und gehackt

3 Zweige Koriandergrün, fein gehackt · 16 Mais-Tortillas

Das Geflügelfleisch mit einem schweren Messer hacken. Mit dem Sauerrahm, Majoran und Cheddar in eine Schüssel geben, gut vermischen und mit Salz und Pfeffer abschmecken.

Die Zwiebeln und den Knoblauch im Olivenöl andünsten und Tomaten dazugeben. Aufkochen und bei schwacher Hitze 30 Minuten köcheln lassen. Die Chilischoten in die Sauce geben. Koriandergrün unterrühren und alles mit Salz und Pfeffer würzen.

Die Tortillas nebeneinander legen, die Geflügelmasse darauf anrichten, zu Enchiladas aufrollen und in eine bebutterte Form legen. Die Tomaten-Chili-Sauce darüber gießen und die Enchiladas im auf 200 Grad vorgeheizten Ofen 15–20 Minuten backen.

Chicken Wings with Blue-Cheese-Dip

1,5 kg Hähnchenflügel · 3 Knoblauchzehen, durch die

Presse gedrückt · 4 EL Rum · 1/2 TL Cayennepfeffer

4 EL Sojasauce · 3 EL Mehl · 300 ml Fritieröl

50 g Butter · 2 EL Chilisauce

Für den Dip: 100 g Blauschimmel-Käse · 80 g Sauerrahm

5 EL Milch · 2 EL Mayonnaise · Salz und schwarzer Pfeffer

aus der Mühle · Außerdem: 1 Stange Sellerie, in Stücke

geschnitten 3 Karotten, in Stifte geschnitten

Die Hähnchenflügel in eine Schüssel geben. Knoblauch, Rum, Cayennepfeffer und Sojasauce dazugeben und gut vermengen. Zugedeckt etwa 6 Stunden im Kühlschrank marinieren lassen.

Hähnchenflügel aus der Marinade nehmen, gut abtropfen lassen, im Mehl wenden und im heißen Öl knusprig ausbacken. Aus dem Öl heben und auf Küchenkrepp abtropfen lassen.
Die Butter schmelzen, mit der Chilisauce mischen. Die Wings auf den Tellern anrichten und mit der Butter-Chili-Mischung beträufeln.

Für den Käse-Dip den Käse mit einer Gabel zerdrücken und mit den übrigen Zutaten mischen. Mit Salz und Pfeffer aus der Mühle würzen. Hähnchenflügel und Gemüse zum Dippen dazu reichen.

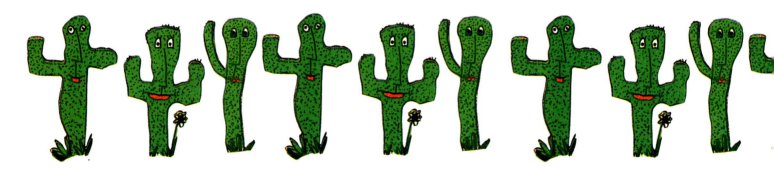

Lobster Quesadillas mit Mango

Für die Füllung: 400 g ausgelöstes Hummerfleisch (ersatzweise gegarte Riesengarnelen) · 100 g gekochte Kartoffeln 60 g orangefarbener Cheddar, gerieben · 1 Mango 1 Zwiebel, fein gehackt · 1 gepresste Knoblauchzehe 3 EL Olivenöl · 2 Tomaten, gewürfelt 100 g Doppelrahm-Frischkäse · Salz · Chilipulver Für die Mojo: 2 reife Mangos · 100 ml Zitronensaft 1/2 Bund Pfefferminze, fein gehackt · 8 Tortilla Maisfladen (soft) · 1 Eiweiß · Eisbergsalat, in Streifen geschnitten

Das Hummerfleisch grob hacken. Die Kartoffeln reiben und mit dem Cheddar in eine Schüssel geben. Die Mango schälen, das Fruchtfleisch vom Stein schneiden und klein würfeln, untermischen.

Die Zwiebel und den Knoblauch im Öl andünsten, die Tomaten dazugeben und kurz mitschwenken. Aus der Pfanne nehmen und erkalten lassen. Mit dem Frischkäse zum Hummerfleisch geben. Alles gut verrühren und mit Salz und Chilipulver würzen.

Für die Mojo die Mangos schälen, das Fruchtfleisch im Mixer fein pürieren. Mit Zitronensaft und gehackter Minze gut vermengen.

Jeweils einen Tortillafladen mit der Hummermasse bestreichen. Dabei einen Rand frei lassen und mit wenig Eiweiß bestreichen. Einen zweiten Tortillafladen darauf legen. Gut andrücken und 1 Stunde in den Kühlschrank stellen.

Auf dem Grill die Fladen auf beiden Seiten grillen. Dann in Viertel schneiden und mit in Streifen geschnittenem Eisbergsalat und der Mojo servieren.

Beef Empanadas mit Tomaten & Avocado

3 EL Olivenöl · 2 Zwiebeln, fein gehackt · 1 grüne Paprikaschote, klein gewürfelt · 280 g Rinderhack · 1 Avocado, gewürfelt · 4 Tomaten, gewürfelt · 2 EL Rosinen · 1 TL Chilipulver · 1/2 TL Kreuzkümmelpulver · Salz und Pfeffer aus der Mühle · Außerdem: 500 g Mürbeteig (s. S. 167) 3 EL Mehl zum Ausrollen · 1 Ei, verquirlt, zum Bestreichen

Das Öl erhitzen, die Zwiebel und die Paprika darin anbraten. Das Fleisch hinzufügen und mitbraten. Die Avocado, Tomaten, Rosinen und die Gewürze dazugeben und alles mit Salz und Pfeffer pikant würzen. Aus der Pfanne nehmen und auskühlen lassen.

Den Teig 2 mm dünn ausrollen. Mit einem runden Ausstecher Kreise von etwa 10 cm Durchmesser ausstechen. Auf jeden Teigkreis 1 Eßlöffel von der Fleisch-Gemüse-Mischung geben, dabei einen Rand frei lassen. Diesen mit etwas Ei bestreichen.

Die gefüllten Teigfladen zu einer Tasche zusammenklappen. Etwas andrücken und 30 Minuten in den Kühlschrank stellen.

Die Empanadas mit Ei bestreichen und im auf 180 Grad vorgeheizten Ofen in etwa 20 Minuten goldgelb backen. Aus dem Ofen nehmen und servieren.

Black Bean Burritos

500 g Rindfleisch aus der Hohen Rippe · 1 l Wasser

8 Pfefferkörner, zerdrückt · 2 Zwiebeln, gehackt

1/2 Lorbeerblatt · 2 TL Salz · 3 EL Olivenöl

2 Knoblauchzehen, durch die Presse gedrückt

1 Chilischote, fein gehackt · 3 Tomaten, fein gehackt

1/4 TL Cayennepfeffer · 1/8 TL Kreuzkümmelpulver

Salz und schwarzer Pfeffer aus der Mühle

8 Tortillafladen

250 g Refried Beans (siehe Seite 167) · 1 Kopf grüner Salat, feine Streifen geschnitten · 150 g Guacamole (s. S. 166)

Das Fleisch mit Wasser in einen Topf geben. Pfefferkörner, die Hälfte der gehackten Zwiebeln, Lorbeerblatt und Salz dazugeben und alles aufkochen. Bei schwacher Hitze 1 1/2 Stunden köcheln lassen. Dann das Fleisch in der Bouillon erkalten lassen. Mit Hilfe von zwei Gabeln das gekochte Fleisch auseinanderzupfen.

Das Olivenöl erhitzen, die restliche gehackte Zwiebel und den Knoblauch darin andünsten. Chili, Tomaten sowie Cayennepfeffer und Kreuzkümmelpulver dazugeben und alles 4–5 Minuten dünsten. 100 ml von der Rinderbrühe und das Fleisch hinzufügen. Mit Salz und Pfeffer würzen.

Die Tortillafladen in einer Pfanne oder auf dem Grill wärmen und jeweils 3–4 Eßlöffel von der Fleischmasse daraufgeben. Die Bohnen, den Salat und die Guacamole darübergeben, die Enden einklappen und die Tortillafladen zu Burritos aufrollen. Heiß servieren.

Lachs-Burritos mit Gurken-Salsa

2 Salatgurken · 1/2 gelbe Paprika · 1/2 rote Zwiebel

1 Chilischote · 1/4 Bund Koriandergrün, gehackt

2 Zweige Dill, gehackt · 2 TL Olivenöl

3 TL Rotweinessig · Salz

Für die Füllung:

1 Zweig Thymian, gehackt · 1/2 Bund Basilikumblätter, gehackt · 1 Zweig glatte Petersilie, gehackt

150 g Doppelrahm-Frischkäse · 3 TL Chilipulver

5 EL Olivenöl · 600 g Lachsfilet · 4 Tortillafladen

40 g Butter · 350 g schwarze Bohnen, gegart

Die Gurken waschen, der Länge nach aufschneiden, die Kerne herauskratzen und die Gurke in feine Scheiben schneiden. Die Paprika ebenso in feine Streifen schneiden. Zwiebel schälen und hacken. Mit den Gurken in eine Schüssel geben.

Chilischote aufschneiden, Kerne entfernen, Schote gründlich auswaschen, fein hacken und mit Koriander und Dill zum Gemüse geben. Öl und Essig hinzufügen, mit Salz würzen.

Für die Füllung Kräuter und Käse vermischen, beiseite stellen. Chilipulver und Olivenöl verrühren. Die Lachsfilets damit bestreichen. In einer Pfanne auf beiden Seiten scharf anbraten. Herausnehmen, in Würfel schneiden und beiseite stellen.

Die Tortillafladen mit Butter bestreichen und in der Pfanne erhitzen. Je 1 Eßlöffel Käsemasse, 1/8 von den Bohnen und 1/4 der Lachswürfel daraufstreuen. Die restlichen Bohnen, dann die restliche Käsecreme darauf verteilen. Mit einem Löffel leicht andrücken und zu Burritos aufrollen. Eventuell nochmals im Ofen erhitzen. Mit der Gurkensalsa servieren.

"GOOD FOOD - GOOD DRINK" J. RIZZI

Grilled Steak Fajitas mit Koriander, Chili & Knoblauch

Für die Marinade:

6 EL Olivenöl · Saft von 2 Zitronen

1 Bund Koriander, fein gehackt · 1 Zweig Oregano, gehackt

1 rote Zwiebel, fein gehackt

2 Knoblauchzehen, fein gehackt · 1 TL Chilipulver

$\frac{1}{2}$ TL Kümmelpulver · $\frac{1}{2}$ TL Cayennepfeffer · Salz

Außerdem:

800 g Rindfleisch aus der Hohen Rippe

1 Zwiebel, in 3–4 mm dicke Ringe geschnitten

2 rote Paprikaschoten, in Streifen geschnitten

evtl. Salz · 12 Tortillafladen · 40 g Butter, geschmolzen

Olivenöl, Zitronensaft, Kräuter, Zwiebel, Knoblauch und Gewürze zu einer Marinade verrühren. Das Fleisch in eine Form geben, mit der Marinade bepinseln und zugedeckt über Nacht marinieren lassen.

Das Fleisch aus der Marinade nehmen und zusammen mit den Gemüsen anbraten. Das Fleisch auf jeder Seite 3–4 Minuten braten, aus der Pfanne nehmen und die Gemüse weiter garen.

Das Fleisch in Streifen schneiden und in eine Schüssel geben. Das Gemüse dazugeben und nach Belieben mit etwas Salz nachwürzen. Die Tortillafladen im Ofen oder auf dem Grill wärmen, mit der flüssigen Butter bestreichen und das Fleisch mit dem Gemüse auf der Mitte der Tortillas verteilen. Die Tortilla aufrollen, auf ein Backblech legen und im auf 180 Grad vorgeheizten Ofen 8–10 Minuten erhitzen.

Margarita Fajitas

Für die Marinade: 2 unbehandelte Zitronen · 40 ml Tequila

Salz und Pfeffer aus der Mühle

Außerdem:

600 g Geflügelbrustfilet · 2 TL Chilipulver · Salz

5 EL Olivenöl · 2 Frühlingszwiebeln, in Ringe geschnitten

3 Knoblauchzehen, durch die Presse gedrückt · 2 rote Paprikaschoten, in Streifen geschnitten · 2–3 EL Geflügelbouillon · $\frac{1}{2}$ Bund Koriandergrün, fein gehackt

8 Mais-Tortillas · 150 ml Guacamole (s. S. 166)

150 g Sauerrahm · $\frac{1}{4}$ Bund Koriandergrün, fein gehackt

Die Zitronen heiß waschen, die Schale fein abreiben und die Früchte auspressen. Zitronensaft und -schale mit dem Tequila und Salz und Pfeffer gut mischen. Das Fleisch in Streifen schneiden und zugedeckt 12 Stunden darin marinieren.

Das Fleisch aus der Marinade nehmen, gut abtropfen lassen und mit Chili und Salz würzen. Das Fleisch in 3 Eßlöffeln Olivenöl scharf anbraten, aus der Pfanne nehmen und in Streifen schneiden.

Zwiebeln, Knoblauch und Paprika im restlichen Olivenöl in der Pfanne scharf andünsten. Mit Geflügelbouillon ablöschen und 4–5 Minuten dünsten. In eine Schüssel geben, Koriander und Geflügelfleisch dazugeben. Mit Salz und Pfeffer würzen.

Die Tortillafladen mit etwas Olivenöl bestreichen und auf dem Grill auf beiden Seiten wärmen. Die Füllung auf den Tortillas verteilen und die Fladen einrollen. Auf ein Backblech legen und im auf 200 Grad vorgeheizten Ofen nochmals erhitzen.

Je 2 Fajitas auf einen Teller anrichten, mit Guacamole und Sauerrahm überziehen. Mit gehacktem Koriander bestreuen.

Quesadillas mit Pinienkernen & Tomatillo-Salsa

Für die Tomatillo-Salsa:

1 EL Olivenöl · $^1/_2$ rote Zwiebel, fein gehackt

6 Tomatillos, klein gewürfelt · 1 kleine Chilischote, entkernt und klein gewürfelt · Saft von 1 Zitrone · 2 TL Honig

1 EL gehacktes Koriandergrün

Salz und Pfeffer aus der Mühle

Außerdem:

125 g Mozzarella · 80 g roher Schinken, in Scheiben

3 getrocknete Tomaten, in Öl eingelegt

3 EL Pinienkerne, geröstet · 1 Zweig Thymian, fein gehackt

150 g Cheddar, gerieben · Pfeffer aus der Mühle

8 Tortillafladen · 30 g Butter, geschmolzen

Für die Salsa das Olivenöl erhitzen, Zwiebel, Tomatillos und Chili darin andünsten, aus der Pfanne nehmen und in eine Schüssel geben. Zitronensaft, Honig und Koriandergrün dazugeben und alles mit Salz und Pfeffer würzen.

Mozzarella in Scheiben schneiden, dann in kleine Stücke zupfen und in eine Schüssel geben. Schinken in Streifen schneiden und zu dem Mozzarella geben. Tomaten fein hacken und zusammen mit den Pinienkernen, Thymian und Cheddar zu Mozzarella und Schinken geben. Mit schwarzem Pfeffer würzen.

Die Tortillafladen mit flüssiger Butter bestreichen, auf 4 Fladen die Schinken-Käse-Masse verteilen, jeweils einen Fladen darauf setzen, leicht andrücken.

Die Quesadillas in einer beschichteten Pfanne auf jeder Seite 2–3 Minuten wärmen. Anschließend weitere 4–5 Minuten in den auf 180 Grad vorgeheizten Ofen stellen. Auf Teller geben und die Salsa dazu reichen.

Buffalo Chicken Burger

800 g Geflügelfleisch · 100 g Frühstücksspeck

4 EL Olivenöl · 2 Zwiebeln, fein gehackt

2 Knoblauchzehen, gepreßt · 1 Jalapeno-Pfefferschote

60 g Maiskörner · 1 EL Tomatenketchup

4 Tropfen Tabasco-Sauce

Salz und schwarzer Pfeffer aus der Mühle

2 reife Tomaten · 8 Scheiben Goudakäse · 3 reife Advocado

1 rote Zwiebel, fein gehackt · 4 Blatt Salbei, fein gehackt

2 TL grobkörniger Senf · $^1/_4$ TL Chilipulver

Das Geflügelfleisch durch die mittlere Scheibe des Fleischwolfs treiben. Den Speck in feine Streifen schneiden und in 2 Eßlöffeln Olivenöl anbraten. Zwiebeln, Knoblauch und Pfefferschote dazugeben und mitdünsten. Alles aus der Pfanne nehmen und abkühlen lassen.

Zusammen mit dem Mais zum Geflügelhack geben, mit Ketchup und Tabasco würzen. Die Fleischmasse mit angefeuchteten Händen zu 4 gleich großen Burgern formen. Diese im restlichen heißen Öl auf beiden Seiten braten.

Burger aus der Pfanne nehmen, mit den Tomaten- und Käsescheiben belegen und im 200 Grad vorgeheizten Ofen überbacken.

Inzwischen für die Salsa die Avocados halbieren, entsteinen, schälen und das Fruchtfleisch mit einer Gabel zerdrücken. Mit Zwiebel, Salbei und Senf vermischen. Zum Schluß mit Chili und Salz pikant abschmecken.

"EATING OUT SIDE"   J. RIZZI

Chinatown

„ Unbedingt sollten Sie eines der typischen Chinatown-Restaurants besuchen. Ganze Großfamilien passen um einen Tisch, und auch die Kinder haben ihren Platz! Besonders liebe ich *Chinese Beef* mit Austernpilzsauce und dazu *Fried Rice*. Zum Schluß der chinesische Glückskeks , den ich mit meinem Tageshoroskop vergleiche, um zu sehen, wer recht hat. "

Coconut-Curry-Chicken

6 Hähnchenbrustfilets · 1 TL Hoisinsauce (Pekingsauce)

2 TL Sherry fino · 1 TL dunkles Sesamöl · 3 EL Olivenöl

1 rote Paprikaschote, fein gehackt

4 Frühlingszwiebeln, in Ringe geschnitten

1 kleiner Paksoi, in Streifen geschnitten

4 Knoblauchzehen, durch die Presse gedrückt

3 cm Ingwerwurzel, fein gehackt · 50 ml Sherry fino

6 EL Kokosnußmilch · 4 EL Geflügelbouillon

3 TL Austernsauce · 1 TL dunkles Sesamöl · 1 TL Cornsirup

1 TL Zucker · 1½ TL Madras-Currypulver

1 TL Reisessig · Salz

Das Hähnchenfleisch in kleine Würfel schneiden und in eine Schüssel geben. Hoisinsauce, Sherry und Sesamöl hinzufügen und über das Fleisch verteilen. Alles gut mischen und zugedeckt im Kühlschrank marinieren.

Das Fleisch aus der Marinade nehmen, gut abtropfen und im heißen Olivenöl in einem Wok oder einer tiefen Pfanne unter Rühren scharf anbraten. Herausnehmen und beiseite stellen. Das Öl abgießen. Das vorbereitete Gemüse mit Knoblauch und Ingwer in Wok oder Pfanne kurz andünsten. Die übrigen Zutaten, bis auf das Fleisch, dazugeben und aufkochen. Bei schwacher Hitze 3–4 Minuten köcheln lassen, das Geflügelfleisch hinzufügen. Mit Salz abschmecken. Nach Belieben mit gedünsteten Zuckerschoten und Reis servieren.

Chicken Soup with Coconut

250 g Hühnerfleisch · 200 g eingelegte Kürbisstücke

200 ml kräftige Geflügelbouillon · 300 ml Kokosmilch

1 cm Ingwerwurzel, fein gehackt · 2 EL Fischsauce

1 TL Zucker · 3 Schalotten, fein gehackt

3 große Basilikumblätter, gehackt

1 Zweig Koriander, fein gehackt · Salz

Das Fleisch in Streifen schneiden. Die Kürbisstücke in kleine Würfel schneiden. Bouillon, Kokosmilch, Ingwer, Fischsauce, Zucker und Schalotten in einen Topf geben und aufkochen.

Das Fleisch hinzufügen und etwa 8 Minuten darin bei schwacher Hitze garen. Dann Kürbis, Basilikum und Koriander dazugeben und die Suppe mit wenig Salz würzen.

Huhn in Currysauce

750 g Hähnchenfleisch · 1 kleine Ingwerwurzel, fein gehackt

1/2 Stengel Zitronengras, fein geschnitten · 5 EL Olivenöl

Salz · 4 Knoblauchzehen · 2 Zwiebeln

1 1/2 EL Madras-Currypulver · 1 EL Sojasauce

5 EL Geflügelbouillon · 1 TL dunkles Sesamöl

Das Geflügelfleisch in mundgerechte Würfel schneiden und in eine Schüssel geben. Den Ingwer zusammen mit dem Zitronengras mit 3 Eßlöffeln Öl zum Fleisch geben. Mit etwas Salz würzen.

Den Knoblauch pressen und die Zwiebeln halbieren und in Ringe schneiden. Das Öl aus der Schüssel im Wok erhitzen und das Fleisch bei scharfer Hitze darin auf allen Seiten anbraten. Mit einem Schaumlöffel aus dem Wok heben und überschüssiges Öl abgießen.

Das restliche Olivenöl erhitzen. Zwiebeln und Knoblauch darin anbraten. Das Currypulver darüberstäuben, gut verrühren und alles mit der Bouillon und der Sojasauce ablöschen. Das Hähnchenfleisch hinzufügen und alles zusammen 5–6 Minuten köcheln lassen. Mit Salz und Sesamöl würzen. Reis dazu reichen.

Zitronen-Orangen-Huhn

800 g Hähnchenbrustfilets · 1 l Wasser · Salz

1 unbehandelte Orange · 1 unbehandelte Zitrone

Zitronen- und Orangensaft nach Bedarf · 1 TL Speisestärke

1 EL Wasser · 2 EL Sonnenblumenöl

4 Knoblauchzehen, durch die Presse gedrückt

2 cm Ingwerwurzel, fein gehackt

3 Frühlingszwiebeln, in 2 cm lange Streifen geschnitten

1 EL Sojasauce · 1 TL dunkles Sesamöl · 1 EL Zucker

Die Hähnchenbrustfilets in Streifen schneiden. Das Wasser aufkochen, mit Salz würzen, das Fleisch zugeben und 2–3 Minuten darin ziehen lassen. Aus dem Wasser nehmen und beiseite stellen.

Orange und Zitrone heiß abwaschen und die Schale fein abreiben. Die Früchte auspressen und, falls nötig, jeweils auf 100 ml auffüllen. Die Stärke mit dem Wasser glattrühren.

Das Öl im Wok erhitzen und den Knoblauch und den Ingwer darin andünsten. Die Stärke unter Rühren dazugießen. Orangen- und Zitronensaft, Zitrusfruchtschale und Frühlingszwiebeln dazugeben, aufkochen und mit Sojasauce, Sesamöl und Zucker würzen. Dann die Fleischstreifen hinzufügen und alles unter ständigem Rühren 2–3 Minuten bei schwacher Hitze dünsten.

Honey-Chicken

1 Hähnchen (ca. 1,2 kg), in Teile zerlegt

6 TL Speisestärke · 200 ml Fritierfett

1 rote Paprikaschote, in Streifen geschnitten

1 rote Zwiebel, in Ringe geschnitten

2 Knoblauchzehen, durch die Presse gedrückt

1 kleine Ingwerwurzel, fein gehackt

400 g Ananasfleisch, in Würfel geschnitten

200 ml kräftige Geflügelbouillon · 2 TL Honig

1 TL dunkles Sesamöl · Salz und Pfeffer aus der Mühle

Die Hähnchenteile in eine Schüssel geben und mit 3 Teelöffeln Speisestärke bestäuben. Die Fleischstücke in 150 ml heißem Öl in einer tiefen Pfanne goldbraun ausbacken. Aus dem Öl heben und auf Küchenkrepp abtropfen lassen.

Das Öl aus der Pfanne schütten, das restliche unbenutzte Öl hineingeben, erhitzen und Paprika, Zwiebel, Knoblauch und Ingwer darin andünsten. Die Ananaswürfel dazugeben und diese 2–3 Minuten mitdünsten.

Die restliche Speisestärke mit der Bouillon glattrühren. Mit den Hähnchenteilen zum Gemüse geben. Mit Honig, Sesamöl, Salz sowie Pfeffer würzen und alles aufkochen.

Gebratener Reis

3 Scheiben Frühstücksspeck · 3 Eier · Salz

2 EL Sonnenblumenöl · 1 Zwiebel, fein gehackt

1 EL Butter · 400 g körnig gekochter Reis

50 g Erbsen · 1 EL Sojasauce

Den Speck in feine Streifen schneiden. Die Eier in eine Schüssel aufschlagen, mit dem Schneebesen verquirlen und mit Salz würzen.

Das Öl im Wok erhitzen, die Zwiebeln und den Speck unter Rühren glasig braten. Die Butter und die Eier hinzufügen. Alles etwa 1 Minute garen.

Den gekochten Reis und die Erbsen unterrühren und das Ganze mit der Sojasauce würzen. Unter Rühren erhitzen und als Beilage zu scharfen Gerichten servieren.

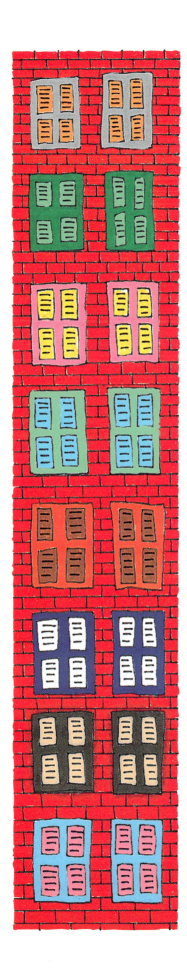

Beef mit Cashewkernen

600 g Rindfleisch aus der Hohen Rippe

3 EL Sonnenblumenöl · 6 Schalotten, in Scheiben geschnitten

2 Knoblauchzehen, durch die Presse gedrückt

80 g Cashewkerne · 2 cm Ingwerwurzel, fein gehackt

2 TL Sojasauce · 1 TL dunkles Sesamöl · 1 TL Speisestärke

120 ml Wasser · Salz und Pfeffer aus der Mühle

Das Fleisch in dünne, lange Streifen schneiden.
1 Eßlöffel Sonnenblumenöl im Wok erhitzen und
das Fleisch darin scharf anbraten. Aus dem Wok
nehmen.

Die Schalotten, Knoblauch, Cashewkerne und
Ingwer in den Wok geben und im restlichen Öl
1–2 Minuten dünsten. Sojasauce, Sesamöl,
Speisestärke und Wasser miteinander verquirlen.

Das Fleisch wieder in den Wok geben und alles mit
der vorbereiteten Würz-Flüssigkeit ablöschen. Aufkochen und mit Salz und Pfeffer würzen.

111

Chinese Spareribs

1,2 kg Schweinerippen

90 g Honig · 1 EL Sojasauce · 1 EL Sherry fino

1 TL dunkles Sesamöl · 1 TL Sezuchan Pfeffer

Die Spareribs in etwa 2–3 cm breite Stücke teilen und in ein kleines, hochrandiges Blech legen.

Für die Marinade die restlichen Zutaten in eine Schüssel geben und kräftig verrühren. Die Marinade über das Fleisch gießen. Zugedeckt 3–4 Stunden marinieren lassen.

Den Ofen auf 150 Grad vorheizen. Die Spareribs aus der Marinade nehmen, etwas abtropfen lassen und auf ein Backblech legen. Das Blech in den Ofen geben und die Spareribs etwa 1 Stunde braten, diese dabei immer wieder wenden.

Schweinefleisch süß-sauer

1 Stange Lauch · 60 g Bambussprossen (aus dem Glas)

2 Karotten, geschält · 5 EL Speisestärke · 300 ml Wasser

700 g Schweinefleisch, aus der Keule · 200 ml Fritierfett

3 EL Sonnenblumenöl · 2 TL Tomatenmark

1 TL Zucker · 3 EL Sherry fino · Salz

Lauch waschen, putzen und schräg in Ringe schneiden. Die Bambussprossen in lange Streifen schneiden. Die Karotten der Länge nach halbieren, dann schräg in Stücke schneiden.

4 Eßlöffel Speisestärke in der Hälfte des Wassers in einer Schüssel auflösen. Das Fleisch in mundgerechte Würfel schneiden und in die angerührte Stärke tauchen. Im heißen Fett goldbraun ausbacken. Herausnehmen und auf Küchenkrepp abtropfen lassen.

Die Gemüse in 3 Eßlöffel Öl andünsten, mit der restlichen Stärke bestäuben, das Tomatenmark und den Zucker dazugeben, gut verrühren und mit Sherry und dem restlichen Wasser ablöschen. Aufkochen und 3 Minuten köcheln lassen. Das Fleisch unter das Gemüse heben und alles mit Salz abschmecken.

Fisch in süß-scharfer Sauce

600 g Fischfilets (Heilbutt, Kabeljau) · Salz

4 cm Ingwerwurzel, fein gehackt · 2 TL Speisestärke

80 g Frühstücksspeck, in Scheiben · 4 EL Pflanzenöl

1 Zwiebel, fein gehackt · 20 g Butter · 2 Frühlingszwiebeln

1 Knoblauchzehe, durch die Presse gedrückt

1 rote Paprikaschote, in Streifen geschnitten

2 Chilischoten, entkernt und fein gehackt

2 TL Tomatenmark · 1 EL Zucker · 2 EL Sojasauce

3 EL Sherry · 80 ml Fleischbouillon

Den Fisch in mundgerechte Würfel schneiden und in eine Schüssel geben. Mit Salz, Ingwer und Speisestärke mischen. Etwa 15 Min. durchziehen lassen.

Den Speck in feine Streifen schneiden. Das Öl in einer tiefen Pfanne oder einem Wok erhitzen. Den Speck und die Zwiebel darin andünsten. Die Fischwürfel hineingeben und unter Rühren auf allen Seiten anbraten. Fisch, Zwiebel und Speck aus Pfanne oder Wok nehmen, überschüssiges Öl abgießen.

Die Butter in die Pfanne geben und Frühlingszwiebeln, Knoblauch, Paprika und Chili darin andünsten. Tomatenmark, Zucker und Sojasauce darunter rühren. Mit Sherry und Bouillon ablöschen und alles aufkochen. Die Fischwürfel dazugeben und bei mäßiger Hitze 4–5 Minuten garziehen lassen.

Spicy Duck

Für die Marinade:

3 TL Honig · 2 TL Sherry · 2 EL Sojasauce

1 TL dunkles Sesamöl · 1 TL fein gehacktes Zitronengras

1/2 TL abgeriebene Orangenschale

1/2 TL abgeriebene Zitronenschale

Außerdem:

4 Entenbrüste (à ca.150g) · 4 EL Sonnenblumenöl

3 Knoblauchzehen, durch die Presse gedrückt

4 cm Ingwerwurzel, fein gehackt · 150 ml Sojasauce

Saft von 1 Orange · Saft von 1 Zitrone · Salz

1/2 TL Cayennepfeffer · 1 TL dunkles Sesamöl

Für die Marinade sämtliche Zutaten in eine flache Form geben und gut verrühren. Die Entenbrüste hineinlegen, wenden und etwa 24 Stunden zugedeckt im Kühlschrank marinieren.

Das Öl erhitzen und die Entenbrüste auf beiden Seiten darin anbraten. Den Knoblauch und den Ingwer dazugeben und mitdünsten. Mit der Sojasauce ablöschen. Orangen- und Zitronensaft dazugeben. Das Fleisch bei schwacher Hitze garen. Mit wenig Salz, Cayennepfeffer und dem Sesamöl würzen. Dazu gebratenen Reis (siehe Seite 110) reichen.

"FULTON'S FISH MARKET" J. RIZZI

Fulton Fish Market

„... Am Wochenende ist da *high life* – New Yorker und Touristen bummeln an den alten Piers am South Street Sea Port. Anschließend esssen sie den frischesten Fisch der Stadt in den kleinen Restaurants am Fulton Fish Market."

Manhattan Clam Chowder

Die New Yorker Fischsuppe

2 TL Butter · 2 Knoblauchzehen · 1 Zwiebel, fein gehackt

$^1/_4$ l trockener Weißwein · $^1/_2$ l Wasser

36 Muscheln (Venus- oder Herzmuscheln)

120 g Frühstücksspeck, in Scheiben

1 Stange Lauch, in Streifen geschnitten

$^1/_4$ Fenchelknolle, in Streifen geschnitten · 1 TL Mehl

$^1/_2$ l Sahne · 500 g Kartoffeln, in Würfel geschnitten

1 TL gehackte Majoranblättchen · Salz und schwarzer Pfeffer

aus der Mühle · 2 TL fein gehackte glatte Petersilie

$^1/_2$ Bund Schnittlauch, in Röllchen geschnitten

In einem Topf die Butter erhitzen. Knoblauch und Zwiebel darin andünsten. Mit dem Weißwein und dem Wasser ablöschen. Die Muscheln gründlich waschen und putzen. Dazugeben, alles aufkochen und zugedeckt 8–10 Minuten köcheln lassen.

Die Muscheln aus dem Sud heben, in eine Schüssel geben und beiseite stellen. Den Sud in etwa 30 Minuten um die Hälfte einkochen.

Speck in Streifen schneiden und in der Pfanne knusprig braten. Lauch und Fenchel dazugeben und mitdünsten. Mehl darüberstäuben, gut umrühren. Dann den Sud und die Sahne unter Rühren dazugießen und alles aufkochen. Kartoffeln und Majoran hinzufügen und die Suppe bei schwacher Hitze etwa 30 Minuten köcheln lassen.

Inzwischen die Muscheln aus den Schalen brechen. Große Muscheln in Stücke schneiden, Muschelfleisch in die Suppe geben. Mit Salz und Pfeffer würzen. In tiefe Teller anrichten und mit der Petersilie und dem Schnittlauch bestreuen.

RIZZI   "NIGHT

116

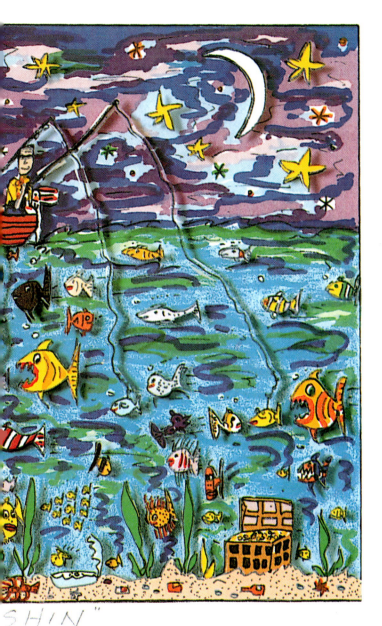

SHIN"

Muscheln in Senfsahne

1,4 kg Muscheln · 4 EL Olivenöl · 1 Zwiebel, fein gehackt
3 kleine Schalotten, fein gehackt · 200 ml Weißwein
$^1/_4$ l Sahne · 5 TL Dijon-Senf · 2 Msp. Currypulver
1 Bund Dill, fein gehackt · 50 g Butter
Salz und Pfeffer aus der Mühle

Die Muscheln gründlich waschen und putzen.
Olivenöl in einem großen Topf erhitzen. Die
Zwiebel und die Schalotten darin andünsten. Die
Muscheln dazugeben, im Öl wenden, dann den
Wein dazugießen.

Zugedeckt bei schwacher Hitze 5 Minuten köcheln
lassen. Die Muscheln aus dem Sud heben. Dabei Muscheln, die sich nicht geöffnet haben, aus-
sortieren und wegwerfen.

Den Sud durch ein Sieb zurück in den Topf geben.
Sahne, Senf, Curry und Dill hinzufügen. Das Ganze
aufkochen und in etwa 5 Minuten zu einer leichten,
sämigen Sauce einköcheln lassen. Die Butter in
kleinen Würfeln mit dem Schneebesen unter die
Sauce schlagen. Mit Salz und Pfeffer pikant würzen.

Die Muschelhälften ohne Fleisch von den Muscheln
trennen. Die Hälften mit dem Muschelfleisch auf
Teller anrichten und mit der Sauce überziehen. Mit
Baguette oder Pellkartoffeln servieren.

117

Barbecued Louisiana Shrimps

Für das Mango-Relish:

3 reife Mangos · 1 rote Paprikaschote, in Würfel geschnitten

1 rote Zwiebel, gehackt · 200 ml Ananassaft

4 EL Zitronensaft · 1 Knoblauchzehe, fein gehackt

$^1/_2$ Bund Koriandergrün, fein gehackt · $^1/_2$ TL Currypulver

Salz und schwarzer Pfeffer aus der Mühle

Außerdem:

16 Riesengarnelen, ohne Schale und Darm

40 g geklärte Butter · 2 TL Gewürzmischung

(Salz, Ingwerpulver, Cayennepfeffer, Knoblauchpulver,

gemahlener Koriander)

100 g Frühstücksspeck, in feine Streifen geschnitten

1 rote Zwiebel, fein gehackt

3 Knoblauchzehen, durch die Presse gedrückt

2 EL Balsamico-Essig · etwas Gemüsebouillon

Salz und schwarzer Pfeffer

Für das Relish die Mangos schälen, das Fruchtfleisch vom Stein schneiden und klein würfeln. Paprika, Zwiebel und Mangos in eine Schüssel geben und mit Ananas- und Zitronensaft sowie Knoblauch, Koriander und Curry, wenig Salz und Pfeffer verrühren.

Die Garnelen mit der Butter bestreichen und mit der Gewürzmischung bestreuen. Zusammen mit dem Speck, der Zwiebel und dem Knoblauch in der Pfanne anbraten. Mit dem Balsamico-Essig sowie etwas Bouillon ablöschen und glasig braten.

Die Garnelen zusammen mit einem angemachten Blattsalat oder Coleslaw (siehe Seite 88) und dem Mango-Relish servieren.

Scampi in Karottensaft

16 Scampi, ohne Schale und Darm · Salz

2 TL Ingwer, fein gehackt · 3 EL Olivenöl

2 TL grüne Pfefferkörner · 300 ml Karottensaft

150 g gekochter Reis · $^1/_2$ Bund Basilikum

Die Scampi mit Salz und dem Ingwer würzen und im heißen Olivenöl anbraten.

Die grünen Pfefferkörner fein hacken. Den Karottensaft aufkochen und mit den grünen Pfefferkörnern und Salz würzen.

Den gekochten, warmen Reis und die Scampi in tiefe Teller verteilen. Den heißen Karottensaft darübergießen. Basilikum fein hacken und über die Scampi streuen.

Riesengarnelen auf Spaghettini mit asiatischer Pesto

Für die asiatische Pesto:

5 EL Pesto · 3 Zweige Koriandergrün, fein gehackt

2 Knoblauchzehen, durch die Presse gedrückt

1 TL dunkles Sesamöl · 2 Chilischoten, fein gehackt

4 cm Ingwerwurzel, fein gehackt

abgeriebene Schale von 1 Zitrone

Außerdem:

400 g Spaghettini · Salz

6 EL Olivenöl · 12 Riesengarnelen, ohne Schale und Darm

1 Zweig glatte Petersilie, fein gehackt

1 Zweig Koriander, fein gehackt · 2 Zitronen

Die Pesto in eine Schüssel geben und mit Koriander, Knoblauch, Sesamöl, Chilischoten, Ingwer und Zitronenschale verrühren.

Die Spaghettini in gesalzenem Wasser mit 2 Eßlöffeln Öl »al dente« kochen. Kochwasser abgießen und in 2 EL Olivenöl schwenken und mit Salz würzen.

Die Garnelen mit Salz bestreuen und im restlichen heißen Öl scharf anbraten. Die Hitze reduzieren, Petersilie und Koriander dazugeben. Die Garnelen dann bei schwacher Hitze 4–5 Minuten garziehen lassen.

Die Spaghettini in tiefe Teller anrichten, die Garnelen dazu arrangieren und mit dem Pesto beträufeln. Auf jede Portion eine halbe Zitrone geben.

Grillspieße mit Fisch und Garnelen

Für die Spieße:

8 Lachsfilets, in mundgerechte Würfel geschnitten

4 Heilbuttfilets, in mundgerechte Würfel geschnitten

8 Riesengarnelen, ohne Schale und Darm

Salz und weißer Pfeffer aus der Mühle

Für die Salsa verde:

2 Bund glatte Petersilie · 1 Bund Basilikum

2 Sardellenfilets, fein gehackt · 10 Kapern

2 Knoblauchzehen, durch die Presse gedrückt

1 EL Weißweinessig · 120 ml Olivenöl

Salz und schwarzer Pfeffer aus der Mühle

Außerdem:

4 Chicoréekolben · Olivenöl zum Bestreichen · 4 Zitronen

Die Fischstücke und die Garnelen abwechselnd auf die Spieße stecken. Mit Salz und Pfeffer würzen.

Für die Salsa verde sämtliche Zutaten außer dem Öl in ein hohes Gefäß geben und mit dem Stabmixer fein pürieren. Unter kräftigem Schlagen das Öl dazugeben, dann mit Salz und Pfeffer würzen.

Die Chicoréekolben längs halbieren, waschen, trocknen und im Olivenöl wenden. Bei schwacher Hitze grillen.

Die Fisch-Garnelen-Spieße mit Öl bestreichen und ebenfalls grillen. Auf die Teller geben. Chicoréehälften, Salsa verde und die halbierten Zitronen dazu reichen.

Pfeffer-Lachs mit Ratatouille & Zitronensauce

Für die Ratatouille:

1 gelbe, 1 grüne und 1 rote Paprikaschote, in Würfel geschnitten · 1 kleine Aubergine, in Scheiben geschnitten

1 kleine Zucchini, in Scheiben geschnitten · 2 EL Olivenöl

3 Knoblauchzehen, in Scheibchen geschnitten

2 Flaschen-Tomaten, grob gehackt · 1 TL Balsamico-Essig

Salz und schwarzer Pfeffer aus der Mühle

1 Zweig Thymian, fein gehackt

Für die Zitronensauce:

Saft und Schale von 3 Limonen · 300 ml Sahne

Salz und weißer Pfeffer aus der Mühle

6 TL grob zerdrückte schwarze Pfefferkörner

3 TL grob zerdrückte rosa Pfefferkörner

8 Lachsfilets mit Haut · Salz · 4 EL Olivenöl

Das Gemüse im heißen Olivenöl scharf anbraten, Knoblauch, Tomaten und Balsamico-Essig dazugeben und alles 2 Minuten köcheln lassen. Mit Salz, Pfeffer und Thymian pikant würzen.

Zitronensaft und Schale mit der Sahne in einen kleinen Topf geben. Bei schwacher Hitze um die Hälfte einkochen. Mit dem Mixer pürieren und mit Salz und weißem Pfeffer abschmecken.

Den Pfeffer mischen und den Lachs darin wenden. Den Fisch mit Salz bestreuen und im heißen Olivenöl auf beiden Seiten sehr scharf anbraten.

Aus der Pfanne nehmen und im auf 80 Grad vorgeheizten Ofen 10 Minuten rosa garziehen lassen. Die Ratatouille auf die Tellermitte anrichten, die Lachsfilets daraufgeben und mit der Zitronensauce umgießen.

Lachs in Curry-Öl gebraten mit Couscous

Für das Curry-Öl:

1 EL Madras-Currypulver · 1 EL Wasser

5 EL Sonnenblumenöl

Für das Couscous:

150 g Couscous · 100 ml Orangensaft · 8 Stück getrocknete Tomaten, in Öl eingelegt, in Streifen geschnitten

80 g Erbsen, gekocht · 2 Zweige Pfefferminze, fein gehackt

1/2 Bund frischer Koriander, fein gehackt

1/2 TL Kardamompulver · 1/2 TL Kreuzkümmelpulver

Salz und Pfeffer aus der Mühle

1 Stange Lauch · 300 ml Fritierfett

8 Lachsfilets (à ca. 60g) · Salz und Pfeffer aus der Mühle

Das Currypulver mit dem Wasser glattrühren. Das Öl dazugießen, gut verrühren und 2–3 Tage ziehen lassen. Das Öl durch einen Kaffeefilter gießen.

Das Couscous in ein Sieb geben, unter fließend kaltem Wasser gut durchspülen. Mit etwas Wasser und Orangensaft bei schwacher Hitze aufquellen lassen.

Die Tomaten, die Erbsen, die Kräuter und die Gewürze zum Couscous geben. Mit Salz und Pfeffer würzen. Die Lauchstange schräg in Scheiben schneiden. In Mehl wenden und im heißen Fritierfett ausbacken. Auf Küchenkrepp abtropfen lassen und mit Salz würzen.

Die Lachsfilets mit Salz und Pfeffer bestreuen und im heißen Curryöl auf beiden Seiten kurz anbraten. Aus der Pfanne nehmen, mit etwas zusätzlichem Curryöl beträufeln und im auf 80 Grad vorgeheizten Ofen 5–8 Minuten garziehen lassen. Couscous auf die Teller geben, die Lachsfilets daneben legen und mit dem Lauch bestreuen.

On the waterfront (Detail) ➡

Heilbuttfilets mit Zitronen-Ingwerbutter

Für die Zitronen-Ingwerbutter:

1 Knoblauchzehe, durch die Presse gedrückt

2 Schalotten, fein gehackt · 180 g Butter

1 TL Koriandergrün, fein gehackt · 100 ml Weißwein

4 EL Orangensaft · 4 cm Ingwerwurzel, fein gehackt

4 EL Sahne · Salz

Außerdem:

400 g Kartoffeln · Salz · 30 g Butter

2 Zweige glatte Petersilie, fein gehackt

4 Scheiben Heilbuttfilet (à ca. 140 g)

weißer Pfeffer aus der Mühle · 4 EL Olivenöl

Für die Zitronen-Ingwerbutter den Knoblauch und die Schalotten in 2 Eßlöffeln Butter andünsten. Den Koriander hinzufügen und mit dem Weißwein ablöschen. Den Orangensaft, den Ingwer und die Sahne dazugeben und bei schwacher Hitze um zwei Drittel einkochen. Die übrige Butter in Flöckchen darunterrühren und mit Salz und eventuell noch etwas Ingwer abschmecken.

Die Kartoffeln schälen, vierteln und in gesalzenem Wasser weich kochen. Abschütten. Die Butter schmelzen, die Petersilie und die Kartoffeln untermischen und mit Salz würzen.

Die Fischfilets mit Salz und Pfeffer bestreuen, beide Seiten mit Olivenöl bestreichen und auf dem heißen Grill grillen. Jeweils ein Filet auf einen Teller geben, die Kartoffeln dazu arrangieren und mit der Zitronen-Ingwerbutter umgießen.

Goldbrasse mit mediterraner Vinaigrette

Für die Vinaigrette:

$1/2$ Stange Sellerie, gewürfelt · $1/2$ Fenchelknolle, gewürfelt

1 kleine Aubergine, gewürfelt · 1 kleine Zucchini, gewürfelt

2 Tomaten, gewürfelt · 1 rote Paprikaschote, gewürfelt

4 grüne Oliven, gewürfelt · 4 schwarze Oliven, gewürfelt

1 Knoblauchzehe, durch die Presse gedrückt

$1/2$ Bund Majoran, fein gehackt · Saft von 1 Zitrone

100 ml Olivenöl · 80 ml Fleischbouillon

$1/2$ Bund Basilikum, in feine Streifen geschnitten

Salz und Pfeffer aus der Mühle

Außerdem:

8 Goldbrassenfilets (à 70 g)

Salz und weißer Pfeffer aus der Mühle · 3 EL Olivenöl

Für die Vinaigrette die Gemüsewürfelchen in eine Schüssel geben. Oliven, Knoblauch, Majoran, den Zitronensaft, Olivenöl, die Bouillon und das Basilikum untermischen. Mit Salz und Pfeffer würzen.

Die Goldbrassenfilets mit Salz und Pfeffer bestreuen und im heißen Olivenöl anbraten. Bei schwacher Hitze garziehen lassen.

Die Vinaigrette lauwarm erhitzen und auf die Mitte von 4 Tellern verteilen. Die Fischfilets daraufsetzen. Nach Belieben Salzkartoffeln dazu servieren.

"SOMETHING FISHY GOING ON"

Seafood-Risotto mit Kerbel

Für das Risotto:

1 Zwiebel, fein gehackt · 2 Knoblauchzehen, durch die Presse gedrückt · 10 EL Olivenöl · 300 g Risotto-Reis
80 ml Weißwein · 150 ml Fischbouillon
$1/2$ l Geflügelbouillon · 10 grüne Oliven, entsteint
8 schwarze Oliven, entsteint · $1/2$ Bund Kerbel, fein gehackt
60 g Butter · 50 g Parmesan, frisch gerieben
Salz und Pfeffer aus der Mühle

Außerdem:

500 g Jakobsmuscheln · 12 Miesmuscheln
250 g Garnelen, ohne Schale und Darm
4 EL Olivenöl · 4 EL Weißwein · $1/2$ Bund Kerbel

Für das Risotto die Zwiebel und den Knoblauch in 5 Eßlöffeln Olivenöl goldgelb dünsten. Den Reis hinzufügen, glasig dünsten und mit dem Weißwein ablöschen. Sobald alle Flüssigkeit vom Reis aufgesogen ist, die Fisch- und Geflügelbouillon hinzufügen und aufkochen.

Das Risotto bei schwacher Hitze unter häufigem Rühren 15–18 Minuten köcheln lassen. Die Oliven grob hacken und zusammen mit dem Kerbel, dem restlichen Öl, der Butter und dem Parmesan darunter rühren. Mit Salz und Pfeffer pikant abschmecken.

Die Muscheln putzen, unter fließend kaltem Wasser gut abbürsten und auf Küchenkrepp abtropfen lassen. Olivenöl erhitzen und alle Meeresfrüchte darin scharf anbraten. Mit dem Weißwein ablöschen. Den Kerbel hineinstreuen und alles aufkochen. Muscheln und Garnelen bei schwacher Hitze 4–5 Minuten garen und mit dem Sud unter das Risotto mischen.

Thunfisch in Pfefferkruste

Für das Kartoffelpüree:

500 g Kartoffeln · Salz · 100 ml Milch · 150 ml Sahne
30 g Butter · 100 ml Olivenöl
2 Knoblauchzehen, durch die Presse gedrückt
geriebene Muskatnuß · 1 Bund Basilikum, fein gehackt
500 g Thunfischfilet am Stück, ca.10 cm Durchmesser
Salz und grober, schwarzer Pfeffer aus der Mühle
4 EL Olivenöl · 12 Knoblauchzehen, geschält
200 ml kräftige Fleischbouillon
400 g grüne Spargelspitzen · 12 Kirschtomaten, halbiert
100 g junge Spinatblätter · 100 ml Pflanzenöl

Die Kartoffeln weich kochen und durch die Presse drücken. Die Milch und die Sahne erhitzen, die Kartoffeln, die Butter, das Olivenöl und die Knoblauchzehen dazugeben und mit einem Holzlöffel kräftig durchrühren. Mit Salz und Muskatnuß würzen. Basilikum unter das Püree mengen.

Den Ofen auf 80 Grad vorheizen. Das Thunfischfilet mit Salz und grobem schwarzen Pfeffer würzen. In 3 Eßlöffeln heißem Olivenöl auf allen Seiten scharf anbraten und für 15–20 Minuten im Ofen garen. Der Fisch soll innen noch rosa sein.

Den Knoblauch im restlichen Olivenöl anbraten, mit der Bouillon ablöschen. Spargel und Tomaten dazugeben und 5 Minuten köcheln lassen. Die Spinatblätter entstielen, putzen und im Pflanzenöl ausbacken. Aus dem Öl heben und auf Küchenkrepp abtropfen lassen.

Das Kartoffelpüree auf die Teller verteilen. Das Thunfischfilet in Medaillons schneiden und darauf anrichten. Das Gemüse mit dem Jus rundum anrichten. Mit den gebackenen Spinatblättern garnieren.

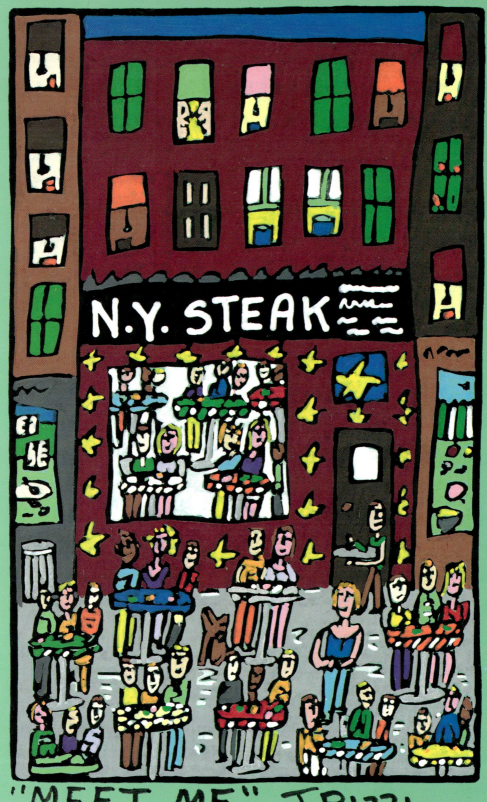

"MEET ME" J·RIZZI

Lunch & Dinner

„...My favorite: Bouleys Restaurant in Tri-Be-Ca. Die Restaurantszene in New York ändert sich jeden Tag, und die beste Übersicht über die neuesten Trends und Küchen lesen Sie in der vier Pfund schweren Wochenendausgabe der New York Times. "

Filet mit Chilikruste & Pilzsalsa

8 rote getrocknete Chilischoten

2 TL grob gemahlener schwarzer Pfeffer

4 Scheiben Rinderfilet (à 180 g) · Salz · 4 EL Olivenöl

Für die Pilz-Salsa:

250 g Shiitake-Pilze · 200 g Champignons

1 Knoblauchzehe, durch die Presse gedrückt · 20 g Butter

200 ml Geflügelbouillon · 1 EL Honig

1/2 Bund Koriandergrün, fein gehackt · Salz

2 Chilischoten, entkernt und fein gehackt

Die Chilischoten zwischen den Fingern zerreiben und mit dem schwarzen Pfeffer mischen. Die Rinderfiletscheiben mit Salz bestreuen und in der Pfeffermischung wenden. Die Filets im heißen Olivenöl scharf anbraten, aus der Pfanne nehmen und für 15 Minuten in den auf 100 Grad vorgeheizten Ofen stellen.

Für die Pilzsalsa die Pilze putzen und in Scheiben schneiden. Den Knoblauch in der Butter andünsten, die Pilze hinzufügen und mitdünsten. Mit der Bouillon ablöschen, Honig und Koriander dazugeben und alles aufkochen. Bei schwacher Hitze 6–7 Minuten köcheln lassen. Mit Salz und Chili würzen.

Die Pilzsalsa auf 4 Teller geben und jeweils 1 Filet darauf anrichten. Nach Belieben mit Reis oder Kartoffeln servieren.

Barbecued Chops

Gegrillte Kalbskoteletts

Für die Marinade:

5 EL Sherry · 5 EL Austernsauce · 6 EL Honig

5 EL Orangensaft · 1 EL Sojasauce

4 cm Ingwerwurzel, fein gehackt

1 Bund Koriandergrün, fein gehackt · 1 TL Tabasco-Sauce

Außerdem:

4 Kalbskotelettes (à 180 g) · etwas Olivenöl

Für die Marinade sämtliche Zutaten in eine Schüssel geben und kräftig verrühren. Die Kalbskoteletts hineinlegen, darin wenden und über Nacht marinieren lassen.

Die Koteletts aus der Marinade nehmen, etwas abtropfen lassen und das Fleisch in der Pfanne in etwas Olivenöl auf jeder Seite 4–5 Minuten braten. Aus der Pfanne nehmen und 8–10 Minuten in den auf 100 Grad vorgeheizten Ofen stellen.

Aus dem Ofen nehmen und nach Belieben mit Knoblauch-Kartoffelpüree oder gebratenen Sojasprossen servieren.

Meatloaf

Hackbraten

2 Zwiebeln, fein gehackt

3 Knoblauchzehen, durch die Presse gedrückt

3 EL Olivenöl · 1 TL Thymianblättchen, fein gehackt

1/2 TL Rosmarinnadeln, fein gehackt · 1/2 TL Cayennepfeffer

1/2 TL Paprikapulver · 1 EL Dijon-Senf · 500 g Rinderhack

500 g Schweinehack · 500 g Kalbshack · 4 Eier, verquirlt

2 TL Worcestershire-Sauce · 250 g Semmelbrösel

1 TL Salz · 1/4 Dose Tomaten · Pfeffer aus der Mühle

1 EL Olivenöl

Zwiebeln und Knoblauch im heißen Olivenöl andünsten. Kräuter, Gewürze und Senf dazugeben und alles gut verrühren.

Das Fleisch in eine Schüssel geben. Die Zwiebelmischung zusammen mit den Eiern und der Worcestershire-Sauce, den Semmelbröseln und dem Salz dazugeben.

Die Tomaten grob hacken und mit dem Saft zum Fleisch geben. Alles zu einer glatten Fleischmasse vermengen und nach Belieben mit Salz und Pfeffer pikant würzen.

Den Fleischteig zu einem länglichen Braten formen und 1 Stunde in den Kühlschrank stellen. Dann mit Olivenöl bestreichen und auf ein Backblech legen. In dem auf 180 Grad vorgeheizten Ofen etwa 1 Stunde garen. Dazu Kartoffelbrei oder Creamy Polenta (siehe Seite 140) servieren.

Schweinefilet auf Basilikumnudeln mit Steinpilzsauce

30 g getrocknete Steinpilze

400 g Basilikumnudelteig (siehe Grundrezepte)

3 EL Olivenöl · Salz · 1 Schalotte, fein gehackt

20 g Butter · 50 ml Weißwein · 400 ml Fleischbouillon

1/2 Bund Basilikum, gehackt · Pfeffer aus der Mühle

8 Schweinemedaillons (à 80 g) · 3 EL Olivenöl

Die Steinpilze über Nacht in wenig kaltem Wasser einweichen. Den Basilikumnudelteig dünn ausrollen und in feine Nudeln schneiden. Die Nudeln in gesalzenem Wasser mit dem Öl »al dente« kochen. Kochwasser abgießen und die Nudeln kalt abschrecken.

Die Schalotte in der Butter andünsten, die ausgedrückten Pilze hinzufügen und mitdünsten. Mit dem Weißwein ablöschen, um die Hälfte einkochen und die Bouillon dazugießen.

Die Flüssigkeit aufkochen und bei schwacher Hitze 15 Minuten köcheln lassen. Basilikum dazugeben und alles mit dem Stabmixer fein pürieren. Mit Salz und Pfeffer würzen.

Die Medaillons leicht andrücken, mit Salz und Pfeffer würzen und im heißen Olivenöl auf beiden Seiten scharf anbraten. Die Hitze reduzieren und die Medaillons rosa garziehen lassen.

Die warmen Nudeln in tiefe Teller verteilen, die Medaillons darauf anrichten und mit der Steinpilzsauce übergießen.

Riesengarnelen & Poularde in Zitronengrassud

1 Zucchini, in feine Streifen geschnitten

2 Karotten, in feine Streifen geschnitten · 200 ml Fritieröl

400 ml Geflügelbouillon · 1 Stange Zitronengras, fein
gehackt · 2 cm Ingwerwurzel, fein gehackt

1/2 Fenchelknolle, in dünne Scheiben geschnitten

1/4 Stange Sellerie, in dünne Scheiben geschnitten

50 g Zuckerschoten, geputzt · 80 g Basmatireis, gekocht

100 g Sojasprossen · Salz

12 Riesengarnelen, ohne Schale · 2 Poulardenbrüste

Pfeffer aus der Mühle

Die Zucchinistreifen, dann die Karottenstreifen im
heißen Fritierfett ausbacken. Auf Küchenkrepp abtropfen lassen und beiseite legen.

Die Bouillon in einen Topf füllen, Zitronengras und
Ingwer dazugeben und alles aufkochen. Fenchel,
Sellerie, Zuckerschoten sowie Sojasprossen hinzu-
fügen und alles in der Bouillon garen.

Dann die Garnelen und die Poulardenbrüste mit
Salz bestreuen und in die Gemüse-Bouillon legen.
Diese wieder aufkochen und die beiden Zutaten
darin garziehen lassen. Mit Salz und Pfeffer würzen.

Den gekochten Reis in tiefe Teller verteilen, die
gegarten Garnelen und die in Scheiben geschnitte-
nen Poulardenbrüste dazulegen. Den Zitronen-
grassud darüber gießen. Die gebackenen Gemüse-
streifen darüberstreuen.

St. Petersfisch in Graupenbouillon mit Basilikum & Orange

Für die Boullion:

100 g Graupen · Salz

1 Bund Basilikum, in feine Streifen geschnitten

5 EL Traubenkernöl · 3 EL Olivenöl · 200 ml Orangensaft

Außerdem:

2 Karotten, in feine Streifen geschnitten

80 g Spinatblätter · 200 ml Fritieröl

12 Filets vom St. Petersfisch (à 40–50 g) · 4 EL Olivenöl

Die Graupen in gesalzenem Wasser knackig weich
kochen. Kalt abschrecken, absieben und in einen
flachen Topf geben. Basilikum, Traubenkern- und
Olivenöl sowie Orangensaft unter die Graupen
mischen. Mit Salz würzen.

Die Karotten und Spinatblätter nacheinander im
heißen Öl ausbacken. Aus dem Öl heben und auf
Küchenkrepp gut abtropfen lassen.

Die Fischfilets mit Salz bestreuen und in einer
Pfanne im heißen Olivenöl auf beiden Seiten kurz
anbraten. Die Pfanne vom Herd ziehen und den
Fisch bei schwacher Hitze garziehen lassen.

Die Graupenbouillon auf vorgewärmte Teller verteilen, die Fischfilets daraufsetzen, mit den
gebackenen Karottenstreifen und Spinatblättern
garnieren.

"NIGHTIME CAFE"   J. RIZZI

Heilbuttfilets in Knoblauch mit Zitrus-Vinaigrette

Für die Zitrus-Vinaigrette:

2 rosa Grapefruits · 2 Orangen · 1 Zitrone

2 rote Zwiebeln, fein gehackt · 5 EL Traubenkernöl

5 EL Olivenöl · 2 Zweige Estragon, fein gehackt

2 Zweige Koriander, fein gehackt

Salz und schwarzer Pfeffer aus der Mühle

Außerdem:

8 weiße Heilbuttfilets (à 60 g)

Salz und Pfeffer aus der Mühle · 4 EL Olivenöl

50 g junge Spinatblätter · 200 ml Fritierfett

Für die Vinaigrette die Orangen, Grapefruits und Zitrone mit den weißen Häutchen schälen. Die Fruchtfilets über einer Schüssel auslösen, um den dabei austretenden Saft aufzufangen.

Die Fruchtfilets klein würfeln und in die Schüssel geben. Die übrigen Zutaten dazugeben, gut verrühren.

Die Fischfilets mit Salz und Pfeffer würzen und im heißen Olivenöl auf beiden Seiten scharf anbraten. Die Pfanne vom Herd ziehen und den Fisch bei schwacher Hitze garziehen lassen.

Die Spinatblätter im heißen Fett schwimmend ausbacken. Aus dem Öl heben, gut abtropfen lassen und mit Salz würzen.

Die Vinaigrette auf die Teller verteilen, je 2 Fischfilets darauf anordnen und mit den Spinatblättern garnieren. Dazu Reis servieren.

Lachsfilets mit Meerrettich-Kruste in Wodka-Bouillon

Für die Meerrettich-Kruste:

80 g Butter · 6 TL frisch geriebener Meerrettich

100 g Semmelbrösel · Salz und Pfeffer aus der Mühle

Außerdem:

100 g Couscous · 1 Stange Lauch · Saft von 1 Zitrone

180 ml Orangensaft · 50 ml Wodka

Salz und Pfeffer aus der Mühle · 2 Zweige Dill, fein gehackt

8 Lachsfilets (à ca. 60 g) · 4 EL Olivenöl

Für die Meerrettichkruste die Butter schaumig rühren. Den geriebenen Meerrettich und die Semmelbrösel darunter rühren. Mit Salz und Pfeffer würzen.

Den Couscous anfeuchten und über Dampf garen. Den Lauch putzen, waschen, schräg in Ringe schneiden und ebenfalls über Dampf garen. Zitronen- und Orangensaft mit dem Wodka in einen Topf gießen und aufkochen. Mit Salz, Pfeffer und Dill würzen.

Den Lachs mit Salz bestreuen und die Meerrettichmasse auf den Filets verteilen. Auf ein mit Öl bepinseltes Backblech legen und im auf 200 Grad vorgeheizten Ofen, auf der obersten Schiene, überbacken. Dabei zieht der Fisch zugleich gar.

Den Lauch und das Couscous in tiefe Teller verteilen, die Lachsfilets daneben setzen und mit der Bouillon auffüllen.

Saltimbocca mit Blaubeer-Risotto

Blaubeer-Risotto (siehe Seite 138)

8 Kalbsmedallions (à ca. 60–70 g)

8 Scheiben roher Schinken · 8 Salbeiblättchen

Salz und schwarzer Pfeffer aus der Mühle · 3 EL Mehl

2 EL Sonnenblumenöl · 30 g Butter

1/2 Kantalupmelone (z. B. Charentais) · 8 EL Salbei-Öl

Den Risotto wie beschrieben zubereiten. Die Kalbs-medaillons auf einer Arbeitsfläche nebeneinander legen und leicht klopfen. Den Schinken und die Salbeiblätter darauflegen und mit Hilfe eines kleinen Zahnstochers befestigen. Die Saltimbocca mit Salz und Pfeffer bestreuen und im Mehl wenden.

Das Öl in einer Pfanne erhitzen, Butter hinzufügen und die Schnitzel darin auf beiden Seiten goldbraun braten. Aus der Pfanne nehmen, auf einem Küchen-krepp abtropfen lassen und auf den Tellern an-richten.

Die Melone entkernen, schälen, kleinschneiden und im Mixer fein pürieren. Das heiße Risotto neben dem Fleisch arrangieren. Das Salbei-Öl und das Melonenpüree über und neben das Fleisch träufeln.

Gegrillte Kalbsleber mit Speck-Salbei-Sauce

Für die Sauce:

60 g durchwachsener Speck · 1 Zwiebel, fein gehackt

2 Knoblauchzehen, durch die Presse gedrückt

2 EL Olivenöl · 4 Salbeiblätter, in feine Streifen geschnitten

1 EL Balsamico-Essig · 4 Tomaten, gewürfelt · 5 EL Rotwein

100 g Butter · Salz und Pfeffer aus der Mühle

Außerdem:

800 g Kalbsleberscheiben, ohne Haut und Membrane

4 EL Olivenöl · Salz und Pfeffer aus der Mühle

Den Speck in feine Streifen schneiden. Die Zwiebel und den Knoblauch in wenig Olivenöl andünsten. Den Salbei und die Tomaten hinzufügen, mit dem Rotwein ablöschen und um die Hälfte einkochen.

Die Butter in kleinen Flocken unter die Sauce rühren und mit Salz, Pfeffer und dem Essig ab-schmecken.

Die Kalbsleber mit Olivenöl bestreichen und auf dem heißen Grill auf beiden Seiten kurz grillen. Auf Küchenkrepp etwas abtropfen lassen, salzen und pfeffern. Auf den Tellern anrichten. Die Sauce dazu arrangieren und mit Bratkartoffeln servieren.

Lammrücken mit Erdnußkruste & Spinatcreme

Für die Spinatcreme: 150 g Spinatblätter · Salz und weißer Pfeffer aus der Mühle · 5 EL Olivenöl

Für die Kruste: 100 g Erdnußcreme · 200 g Semmelbrösel

2 Eier, verquirlt · 2 EL glatte Petersilie, fein gehackt

1/2 TL dunkles Sesamöl · 3 EL Erdnüsse, grob gehackt

Außerdem: 4 Lammrückenfilets (à ca. 150 g)

Salz und Pfeffer aus der Mühle · 3 EL Olivenöl

Für die Spinatcreme die Spinatblätter kurz in kochendes, gesalzenes Wasser tauchen. Abschütten und mit kaltem Wasser abkühlen. Im Mixer fein pürieren. Mit Salz und Pfeffer würzen. Nach und nach das Öl daruntermixen.

Für die Kruste alle angegebenen Zutaten zu einer Paste verrühren. Die Lammfilets mit Salz und Pfeffer bestreuen und auf jeder Seite 2 Minuten in der Pfanne scharf anbraten. Herausnehmen und beiseite stellen.

Die Erdnußpaste auf den Filets verteilen. Im auf 240 Grad vorgeheizten Ofen 6–8 Minuten überbacken. Die Lammrückenfilets auf die Teller anrichten und mit der Spinatcreme umgießen.

TAKE YOUR LUNCH

Lammrücken mit Zimt-Öl und Ananasjus

4 Zucchini · 3 Kartoffeln · 1 rote Paprikaschote, in Streifen geschnitten · 1 gelbe Paprikaschote, in Streifen geschnitten

10 EL Olivenöl · Salz und schwarzer Pfeffer aus der Mühle

20 g Butter · 4 Lammrückenfilets (à ca. 140 g)

200 ml Fritierfett · 12 TL Zimt-Öl · 12 TL Thymian-Öl

60 ml Ananassaft

Die Zucchini waschen und putzen. Eine Zucchini der Länge nach in Scheiben schneiden. Die zweite Zucchini raspeln und die übrigen in feine Streifen schneiden. Die Kartoffen schälen, waschen und raspeln.

Paprikastreifen und Zucchinischeiben mit 4 Eßlöffeln Olivenöl bestreichen und braten. Mit etwas Salz würzen.

Die Zucchini- und Kartoffelraspel in ein Küchentuch geben und gut ausdrücken. In eine Schüssel geben und mit Salz und Pfeffer würzen. Aus den Raspeln kleine Pfannkuchen formen und diese in der Butter und 4 Eßlöffeln Olivenöl ausbacken.

Die Lammfilets mit Salz und Pfeffer würzen und im restlichen heißen Olivenöl scharf anbraten. Aus der Pfanne nehmen und im auf 80 Grad vorgeheizten Ofen in 15 Minuten rosa garziehen lassen.

Die Zucchinistreifen in wenig Mehl wenden, im heißen Fritieröl knusprig ausbacken und auf Küchenkrepp abtropfen lassen. Mit Salz bestreuen.

Das gegrillte Gemüse jeweils auf der Tellermitte anrichten. Die Lammfilets auf dem Gemüse anrichten. Die Kartoffel-Zucchini-Pfannkuchen dazu arrangieren und die Gemüse mit den Ölen und dem Ananasjus beträufeln. Mit den fritierten Zucchinistreifen garnieren.

Lammrücken mit Thai-Currysauce

Für die Sesampaste:

2 EL Sesammus (Tahin) · 2 EL Butter · 2 EL Semmelbrösel

2 EL Sesamsamen · 1/2 TL dunkles Sesamöl · 2 EL Honig

abgeriebene Schale von 1 Orange · 1 Knoblauchzehe,

durch die Presse gedrückt · 1/2 TL Currypulver

200 ml Thai-Currysauce · 4 Lammrückenfilets

Salz und schwarzer Pfeffer aus der Mühle

6 EL Olivenöl · 2 Mangos · 6 EL Traubenkernöl

20 kleine Kartoffeln, in der Schale gekocht

1 Zweig Rosmarin, gehackt · Salz · 200 g Spinatblätter

100 ml Pflanzenöl

Für die Sesampaste alle Zutaten zu einer Paste verrühren. Die Thai-Currysauce wie beschrieben zubereiten.

Die Lammfilets salzen und pfeffern und in 2 Eßlöffeln heißem Öl auf beiden Seiten scharf anbraten. Aus der Pfanne nehmen und die obere Seite der Filets mit der Sesampaste bestreichen. Im auf 200 Grad vorgeheizten Ofen 5–8 Minuten überbacken.

Mangos schälen, das Fruchtfleisch vom Kern schneiden und fein pürieren. Nach und nach das Öl darunter rühren.

Die Kartoffeln im restlichen heißen Olivenöl mit dem Rosmarin knusprig braten. Mit Salz würzen. Den Spinat im heißen Öl ausbacken und gut auf Küchenkrepp abtropfen lassen.

Lammfilets auf die Teller geben, mit der Currysauce umgießen und die Mangosauce rundherum träufeln. Mit Spinat garnieren. Die Kartoffeln dazu reichen.

Fried Chicken with spicy apricots

Für die Salsa:

200 g frische Aprikosen · 240 g getrocknete Aprikosen

100 g getrocknete Preiselbeeren · 200 ml Orangensaft

2 rote Zwiebeln, fein gehackt

2 cm Ingwerwurzel, fein gehackt · 2 TL Zucker

3 EL Honig · 1 TL Madras-Currypulver · Salz und

schwarzer Pfeffer aus der Mühle · Saft von 1 Zitrone

Außerdem:

200 g feiner Maisgrieß (Polenta) · 1 TL Madras-Currypulver

1 TL Kreuzkümmelpulver · 1 TL Korianderpulver

4 Geflügelbrüste · Salz und Pfeffer aus der Mühle

20 g Butter, geschmolzen

Für die Salsa die frischen Aprikosen waschen, halbieren, entkernen, kleinschneiden und in eine Schüssel geben. Die getrockneten Aprikosen fein hacken und zusammen mit den restlichen Zutaten zu den frischen Aprikosen geben. Mit Salz, Pfeffer und Zitronensaft abschmecken. 1–2 Stunden durchziehen lassen.

Maisgrieß mit Curry, Kreuzkümmel und Koriander in einer kleinen Schüssel vermischen. Die Hähnchenbrüste mit der flüssigen Butter bestreichen, mit Salz und Pfeffer bestreuen und in der Mais-Panade wenden, diese dabei leicht andrücken.

Das Fleisch im heißen Fett, leicht schwimmend ausbacken. Aus dem Öl heben, auf Küchenkrepp abtropfen lassen und auf die Teller anrichten. Die Aprikosensalsa dazu arrangieren. Nach Belieben Bratkartoffeln oder French Fries dazu servieren.

Mais-Hähnchenbrust mit Curry-Öl

500 g Wirsingblätter, in Streifen geschnitten

20 g Butter · 5 EL kräftige Fleischbouillon

Salz und Pfeffer aus der Mühle

4 große Mais-Hähnchenbrüste · 4 EL Rosmarin-Öl

2 Zweige Rosamarin · 12 EL Curry-Öl

Die Wirsingstreifen in der Butter andünsten. Die Bouillon dazugießen und bei schwacher Hitze zugedeckt köcheln lassen. Mit Salz und Pfeffer würzen.

Die Geflügelbrüste mit Salz und Pfeffer bestreuen. Das Rosmarinöl in einer Pfanne erhitzen. Rosmarinzweige hinzufügen und die Hähnchenbrüste im heißen Öl auf beiden Seiten anbraten. Die Hitze reduzieren und das Fleisch gar braten.

Das Wirsinggemüse auf 4 Teller verteilen, die Hähnchenbrüste jeweils schräg in Scheiben schneiden und darauf arrangieren. Alles mit dem Curry-Öl beträufeln und mit Petersilie garnieren. Polenta Cakes (siehe Seite 140) dazu reichen.

Thai-Duck-Curry

5 EL Sherry fino · Saft von 2 Zitronen · 4 EL Hoisinsauce

1 EL Sojasauce · 1 Bund Koriandergrün, fein gehackt

4 Entenbrüste (à ca. 170 g) · 4 EL Olivenöl

Für die Sauce:

2 Schalotten, fein gehackt

3 Knoblauchzehen, durch die Presse gedrückt

2 Tomaten, gewürfelt · 2 TL Zucker · 2 TL Fischsauce

1 TL Korianderpulver · 3 EL Weißweinessig

2 TL rotes Currypulver · 2 cm Ingwerwurzel, fein gehackt

100 ml Geflügelbouillon · Salz und Pfeffer aus der Mühle

Außerdem: 2 Avocados · Saft von 1 Zitrone

Sherry, Zitronensaft, Hoisinsauce, Sojasauce und Koriander in einer Schüssel verrühren. Die Entenbrüste hineinlegen, darin wenden und zugedeckt 24 Stunden marinieren.

Die Entenbrüste im Olivenöl auf beiden Seiten scharf anbraten, aus der Pfanne nehmen und für 10 Minuten in den auf 100 Grad vorgeheizten Ofen stellen.

Die Schalotten und den Knoblauch in derselben Pfanne im verbliebenen Öl anbraten, die restlichen Zutaten und die Hälfte der Marinade dazugeben und alles aufkochen. Mit Salz und Pfeffer würzen.

Das Fleisch wieder in die Sauce legen und weitere 4–5 Minuten darin ziehen lassen. Die Entenbrüste auf die Teller geben und mit der Sauce überziehen. Warmstellen.

Die Avodao schälen, den Stein entfernen und das Avocadofleisch in Würfel schneiden. Die Avocadowürfel über das Fleisch streuen und mit einigen Tropfen Zitronensaft beträufeln.

"THE FOOD COMES TO LIFE IN THE BIG APPLE" J. RIZZI

Sideorders

„... Manchmal dauert das Aussuchen länger als das Essen...
Stellen Sie sich vor, Sie bestellen bei Smith & Wollensky ein
saftiges Steak: für die Sideorders müssen Sie sich zwischen
8 Kartoffelbeilagen, 19 Gemüsevarianten und unzählbaren
Salaten entscheiden – und das braucht Zeit!"

Dirty Rice

80 g Geflügelleber · 80 g Schweinefilet

5 EL Olivenöl · 1 Zwiebel, fein gehackt

3 Knoblauchzehen, durch die Presse gedrückt

1 Stange Sellerie, fein gehackt

1/2 grüne Paprikaschote, fein gehackt

2 Frühlingszwiebeln, fein gehackt · 1/4 l Geflügelbouillon

Cayennepfeffer · 1/2 TL Kreuzkümmelpulver

1/2 TL Senfpulver · 200 g gekochter, weißer Reis

Salz und schwarzer Pfeffer aus der Mühle

1/2 Bund glatte Petersilie, fein gehackt

Die Leber und das Schweinefilet in feine Streifen schneiden. Das Öl erhitzen. Das Fleisch darin anbraten, dann Zwiebel und Knoblauch sowie das klein geschnittene Gemüse hinzufügen und darin dünsten.

Alles mit der Bouillon ablöschen und die Gewürze hinzufügen. Den gekochten Reis dazugeben, gut untermischen und mit Salz und Pfeffer abschmecken. Mit der Petersilie bestreuen und servieren.

Blueberry-Risotto

150 g frische Steinpilze · 1 kleine Zwiebel, fein gehackt

1 Knoblauchzehe, gepreßt · 8 EL Olivenöl

120 g Risotto-Reis · 5 EL Weißwein

200 ml schwache Fleischbouillon · 40 g Butter

150 g Blaubeeren · 20 g Parmesan, gerieben

Salz und Pfeffer aus der Mühle

Die Steinpilze putzen und in Scheiben schneiden. Die Zwiebel und den Knoblauch in 3 Eßlöffeln heißem Olivenöl andünsten. Die Pilze hinzufügen und mitdünsten. Den Reis ebenfalls im Öl kurz dünsten.

Alles mit dem Weißwein ablöschen. Etwas einkochen lassen, dann die Bouillon dazugießen. Aufkochen und bei schwacher Hitze unter häufigem Rühren 15 Minuten köcheln lassen.

Restliches Olivenöl, Butter, Blaubeeren und den Parmesan unter das Risotto mischen. Mit Salz und Pfeffer abschmecken.

Corn Bread

Maisbrot

250 g Maismehl · 500 g Mehl · 2 TL Backpulver

2 TL Salz · 4 Eier · $^1/_2$ l Buttermilch

40 g Butter, geschmolzen · Honig

Außerdem:

Butter und Mehl für die Form

Maismehl, Mehl, Backpulver und Salz in einer großen Schüssel mischen. In einer zweiten Schüssel die Eier mit der Buttermilch, der geschmolzenen Butter und dem Honig zu einer dicklichen Creme schlagen.

Eine Kastenform mit Butter ausstreichen und mit Mehl ausstäuben. Den Teig hineinfüllen. Im auf 200 Grad vorgeheizten Ofen 18–20 Minuten backen. Aus der Form lösen, in Scheiben schneiden und noch warm servieren.

Tip: Besonders lecker schmeckt Chili-Maisbrot. Dafür eine oder mehrere Chilischoten aufschneiden, entkernen und gründlich waschen. Dann in gesalzenem Wasser 3–4 Minuten kochen, kleinschneiden und unter den Teig mischen.

Jalapeno-Corn-Muffins

Ergibt etwa 10 Muffins:

5 Eier · 1 TL Salz · 1 TL Olivenöl · 1 TL Butter, geschmolzen

180 ml Milch · 125 g Maismehl · 125 g Mehl

1$^1/_2$ TL Backpulver

2 TL entkernte, fein gehackte Chilischoten

350 g gekochte Maiskörner

Außerdem:

Öl und Mehl für die Förmchen

Die Eier verquirlen, Salz, Olivenöl, flüssige Butter und die Milch dazurühren. Nach und nach das Maismehl, das Mehl mit dem Backpulver, Chili und Maiskörner dazugeben. Alles zu einem Teig verarbeiten.

Eventuell mit etwas Salz nachwürzen. Den Muffinteig in mit Öl ausgestrichene und mit Mehl bestäubte kleine Förmchen füllen und im auf 180 Grad vorgeheizten Ofen 30–35 Minuten backen. Aus dem Ofen nehmen, etwas abkühlen lassen. Dann die Muffins aus den Förmchen lösen und vollständig auskühlen lassen.

Polenta Cakes

120 ml Sahne · 120 ml Geflügelbouillon

130 g Maismehl (Polenta) · 30 g Butter

30 g Parmesan, gerieben · 30 g Cheddar, gerieben

Salz und Pfeffer aus der Mühle

2 TL glatte Petersilie, fein gehackt

1/2 Bund Basilikum, fein gehackt

1 Ei, verquirlt · 4 EL Olivenöl

Die Sahne und die Bouillon in einem Topf aufkochen. Das Maismehl hineinrieseln lassen und bei schwacher Hitze unter ständigem Rühren eine dickflüssige Polenta daraus kochen.

Die Butter und die beiden Käsesorten hinzufügen, gut vermengen und die Polenta mit Salz, Pfeffer, Petersilie und Basilikum würzen. Die Masse aus dem Topf nehmen und erkalten lassen.

Mit angefeuchteten Händen kleine Küchlein aus dem Teig formen, diese durch das verquirlte Ei ziehen und im heißen Olivenöl auf beiden Seiten goldgelb backen.

GIVE ME SOME FOOD

Creamy Polenta mit Mascarpone

120 ml Milch · 140 ml Geflügelbouillon · 1 Knoblauchzehe, durch die Presse gedrückt · 140 g feines Maismehl (Polenta)

20 g Parmesan, gerieben · 30 g Butter

4 EL Olivenöl · 60 g Mascarpone

Salz und weißer Pfeffer aus der Mühle

Die Milch und die Bouillon aufkochen. Den Knoblauch und das Maismehl hinein geben und bei schwacher Hitze unter ständigem Rühren 15–20 Minuten köcheln lassen.

Parmesan, Butter, Olivenöl und Mascarpone kräftig unter die Polenta rühren. Mit Salz und Pfeffer würzen.

Tip: Die Polenta kann auch mit gerösteten Gemüsen und/oder Kräutern verfeinert werden.

Roasted Balsamico-Potatoes

600 g kleine, rote Kartoffeln · Salz

12 Knoblauchzehen, geschält

10 Kirschtomaten, gewaschen · 4 EL Olivenöl · 20 g Butter

3 EL Balsamico-Essig · 8 EL Geflügelbouillon

1 Bund Basilikum, in feine Streifen geschnitten

schwarzer Pfeffer aus der Mühle

Die Kartoffeln gründlich waschen, halbieren oder vierteln und mit der Schale in gesalzenem Wasser 5–6 Minuten kochen. Das Wasser abgießen.

Die Kartoffeln zusammen mit dem Knoblauch und den Tomaten im heißen Olivenöl anbraten. Nach und nach etwas Butter dazugeben und die Knollen außen knusprig und innen weich braten. Mit dem Balsamico-Essig löschen, die Bouillon dazugießen. Mit Salz, Pfeffer und dem Basilikum würzen.

Potato-Gratin

500 g Kartoffeln, geschält · 400 ml Sahne · 1 TL Salz

1/2 Knoblauchzehe, durch die Presse gedrückt

2 Msp. Cayennepfeffer · 100 g Gruyère · 30 g Butter

Die Kartoffeln auf einem Hobel in hauchdünne Scheiben schneiden. In eine Schüssel geben und mit Sahne, Salz, Knoblauch, Cayennepfeffer und 70 g Käse vermischen. 10 Minuten ruhen lassen. Nach Belieben etwas nachwürzen.

Eine Gratinform mit etwas Butter ausstreichen, die Kartoffelmasse mit aller Flüssigkeit hineinfüllen. Den restlichen Käse und die Butter in Flöckchen darüber streuen. Im auf 175 Grad vorgeheizten Ofen etwa 1 1/2 Stunden goldgelb backen.

Mashed Potatoes mit gerösteten Tomaten

400 g Tomaten · 2 Knoblauchzehen, geschält

3 Salbeiblätter, gehackt · 3 Nadeln Rosmarin, fein gehackt

Salz · 4 EL Olivenöl · 750 g Kartoffeln · 100 ml Sahne

50 ml Milch · 4 EL Olivenöl · 60 g Butter

geriebene Muskatnuß

Tomaten waschen, vom Strunk befreien, halbieren und mit der Schnittseite nach oben auf ein mit Olivenöl bestrichenes Backblech legen.

Den Knoblauch in Scheiben schneiden und zusammen mit den Kräutern und dem Salz über die Tomaten streuen. Mit dem Olivenöl beträufeln. Im auf 150 Grad vorgeheizten Ofen etwa 45 Minuten rösten.

Die Tomaten aus dem Ofen nehmen und grob pürieren. Das geht am besten mit einer »flotten Lotte«.

Die Kartoffeln schälen, kleinschneiden und in gesalzenem Wasser weich kochen. Das Kochwasser abschütten, die Kartoffeln etwas ausdampfen lassen und durch die Presse drücken oder grob pürieren.

Sahne, Milch, Olivenöl und Butter aufkochen. Die pürierten Kartoffeln hineinrühren. Dann die Tomaten dazugeben und alles mit Salz und Muskat abschmecken.

Baked Beans

1 Zwiebel, fein gehackt · 4 EL Pflanzenöl

500 g weiße Bohnen, gekocht

5 EL dunkle Molasse (ersatzweise Zuckerrübensirup)

1 EL brauner Zucker · 1 TL Senfpulver

1 TL Worcestershire-Sauce · 100 ml Apfelessig

1 EL Whisky · 50 ml Tomatensauce (Fertigprodukt)

1/2 TL Salz · 1 EL Honig · 250 g Saftschinken

Pfeffer aus der Mühle

Die Zwiebel in einem Topf im heißen Öl anbraten.
Die Bohnen dazugeben und mitbraten. Alle angegebenen Zutaten bis auf den Schinken hinzufügen
und das Ganze aufkochen.

Die gebackenen Bohnen 20–25 Minuten köcheln
lassen. Dann den Schinken in Streifen schneiden
und unter die Bohnen mengen. Das Gericht mit Salz
und Pfeffer pikant abschmecken.

Grüner Spargel mit Bagna Cauda

200 ml Sahne · 2 Knoblauchzehen, durch die Presse
gedrückt · 60 g Doppelrahm-Frischkäse

2 TL Sardellenpaste · 30 g Butter

weißer Pfeffer aus der Mühle · 1,2 kg grüner Spargel

Salz

120 g roher Schinken, in Scheiben (z. B. San Daniele)

Für die Bagna Cauda die Sahne und den Knoblauch
in einen Topf geben und um die Hälfte einkochen.
Den Frischkäse, die Sardellenpaste und die Butter
dazurühren und mit Pfeffer würzen.

Spargel waschen. Das untere Drittel der Stangen
schälen, die Enden abschneiden und den Spargel
über Dampf oder in gesalzenem Wasser bißfest
garen.

Die warmen Spargelstangen auf einer Platte anrichten, die Schinkenscheiben dazu arrangieren und
die Spargelspitzen mit der Bagna Cauda überziehen.

142

Kürbispüree

1 Butternuß-Kürbis (ca. 800 g) · 100 ml Gemüsebouillon
50 ml Sahne · 40 g Butter · 40 ml Milch
Salz und Pfeffer aus der Mühle · geriebene Muskatnuß

Den Kürbis halbieren, schälen, die Kerne entfernen und das Fruchtfleisch in kleine Würfel schneiden. In der Bouillon zugedeckt weich dämpfen.

Das Kürbisfleisch im Mixer fein pürieren. Die Sahne, die Butter und die Milch dazurühren. Das Püree mit Salz, Pfeffer und Muskatnuß abschmecken.

Glasierte Möhrchen in Marsala

4 Bund Frühkarotten · 2 Zwiebeln, feingehackt
20 g Butter · 1 TL Zucker · 150 ml Geflügelbouillon
5 EL Marsala-Wein · Salz und weißer Pfeffer aus der Mühle

Die Karotten schälen, das Grün bis auf einen etwa 1 cm langen Rest abschneiden. Die Zwiebeln in der Butter andünsten, die Karotten dazugeben und mitdünsten. Mit dem Zucker bestreuen und leicht glasieren lassen.

Mit der Bouillon ablöschen, Marsala dazugießen und die Karotten bei schwacher Hitze garen. Dann aus dem Sud nehmen. Den Sud um die Hälfte einkochen. Mit Salz, Pfeffer und nach Belieben noch mit etwas Marsala abschmecken. Die Karotten wieder in den Sud geben und servieren.

Sideorders

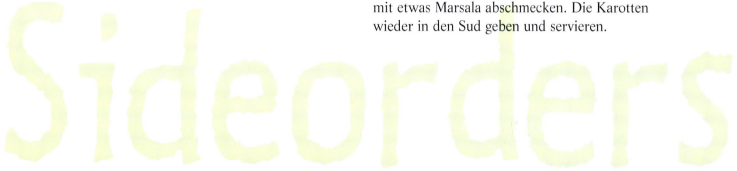

Gegrilltes Gemüse

1 gelbe Paprikaschote · 1 rote Paprikaschote

2 Tomaten · 1 Zucchini · 1 Aubergine

2 rote Zwiebeln · 5 EL Olivenöl

Salz und schwarzer Pfeffer aus der Mühle

Das Gemüse waschen und putzen. Die Paprika-schoten und Tomaten halbieren, die Zucchini der Länge nach in Scheiben und die Aubergine quer und schräg in Scheiben schneiden. Die Zwiebeln schälen und in Ringe schneiden.

Die Gemüse großzügig mit Olivenöl bestreichen und auf beiden Seiten sanft grillen. Mit Salz und Pfeffer würzen. Nach Belieben eine Kräuter-Vinaigrette oder gehackte Kräuter darübergeben.

Buttermilk-Cayenne-Onion-Rings

1 Eigelb · 2 EL Olivenöl · 1 TL Cayennepfeffer

1½ TL Salz · 350 ml Buttermilch · ½ TL Backpulver

180 g Mehl · 2 große, rote Zwiebeln · Fritierfett

Eigelb, Olivenöl, Cayennepfeffer und Salz kräftig miteinander verrühren, dann die Buttermilch dazu-geben. Nach und nach das mit Backpulver gemischte und gesiebte Mehl darunterarbeiten, bis ein dick-flüssiger Teig entsteht.

Die Zwiebeln schälen und in 2 mm dicke Ringe schneiden. Durch den Teig ziehen und im heißen Fritierfett goldgelb ausbacken. Aus dem Öl heben, auf einem Küchenkrepp abtropfen lassen und mit Cayennepfeffer und Salz würzen.

"A TOAST TO LOVE"

Weiße Bohnen mit Salbei

500 g weiße getrocknete Bohnen · 3 l Wasser

1 Zwiebel, fein gehackt

2 Knoblauchzehen, durch die Presse gedrückt

5 EL Olivenöl · 50 g Butter · 2 l Geflügelbouillon

1 Lorbeerblatt · 10 Salbeiblätter, fein gehackt

Salz und weißer Pfeffer aus der Mühle

Die Bohnen über Nacht in lauwarmem Wasser einweichen. Das Einweichwasser abgießen und die Bohnen unter fließend kaltem Wasser gut durchspülen.

Die Zwiebel und den Knoblauch im Olivenöl und 2 Eßlöffeln Butter andünsten. Die gut abgetropften Bohnen dazugeben und kurz mitdünsten.

Mit der Bouillon ablöschen, Lorbeerblatt und gut die Hälfte der Salbeiblätter dazugeben und alles aufkochen. Die Bohnen bei schwacher Hitze etwa 1 Stunde garen. Mit Salz und Pfeffer würzen.

Die übrige Butter hellbraun schmelzen, den restlichen Salbei hinzufügen, kurz aufschäumen lassen und die Salbeibutter über die Bohnen gießen.

Spinat mit Pinienkernen & Rosinen

300 g junger Spinat · 4 EL Olivenöl

2 Knoblauchzehen, in Scheiben geschnitten

3 EL Pinienkerne, geröstet · 5 EL Rosinen

50 ml kräftige Geflügelbouillon

Salz und Pfeffer aus der Mühle

Den Spinat putzen und, falls nötig, entstielen. Größere Spinatblätter halbieren, übrige in breite Streifen schneiden.

Das Olivenöl erhitzen. Den Knoblauch und den Spinat darin andünsten. Die Pinienkerne und die Rosinen hinzufügen, mitschwenken und alles mit der Bouillon ablöschen. Aufkochen, mit Salz und Pfeffer würzen und servieren.

"CHOCOLATE FRENZY"   J. RIZZI

Desserts & Cookies

„... Einen *sweet tooth* hatte ich schon immer, aber mein unangefochtenes Lieblingsdessert ist die Lemontart. Da kann man Florida schmecken..."

Mom's Pumpkin Pie

150 g Mürbeteig (siehe Grundrezepte)

1 TL Butter · 1 EL Mehl · 100 g Preiselbeerkonfitüre

(ersatzweise Johannisbeerkonfitüre)

Hülsenfrüchte zum Blindbacken

Für die Füllung:

400 g Kürbispüree (siehe Seite 143) · 170 g brauner Zucker

1 EL Whisky · 1 TL Ingwerpulver · $1/2$ TL Zimtpulver

$1/2$ TL Lebkuchengewürz · 1 Prise Muskatnuß

1 Prise Nelkenpulver · 1 Prise Salz · 4 Eier

375 ml Sahne · 2 Eiweiß

Den Teig 2 mm dünn ausrollen. Eine runde Kuchenform von etwa 24 cm Durchmesser mit der flüssigen Butter ausstreichen und mit dem Mehl ausstäuben. Den Teig hineinlegen, gut andrücken und mit einer Gabel einstechen. 1 Stunde in den Kühlschrank stellen.

Hülsenfrüchte in die Kuchenform füllen und den Teig im auf 200 Grad vorgeheizten Ofen 15 Minuten blindbacken. Aus dem Ofen nehmen und erkalten lassen. Hülsenfrüchte entfernen und den Boden mit der Konfitüre bestreichen.

Für die Füllung das Kürbispüree in eine Schüssel geben. Den Zucker, den Whisky und die Gewürze dazugeben. Die Eier mit der Sahne schaumig schlagen und unter das Püree mischen. Die Eiweiße zu steifem Schnee schlagen und vorsichtig unter die Füllung heben.

Die Kürbismasse in die Form auf den Boden füllen und den Kuchen im vorgeheizten Ofen bei 190 Grad 35–40 Minuten backen.

Erdnußcreme-Krokant-Pie

Für den Krokant:

100 g Zucker · 100 g Mandeln, grob gehackt

30 g Pinienkerne

150 g Mürbeteig (s. S. 167)

1 TL Butter · 1 EL Mehl

Für die Füllung: 2 Blatt Gelatine · 50 ml Wasser · 4 Eigelb

220 ml Milch · 220 g cremige Erdnußcreme · 4 Eiweiß

140 g Crème double · 220 g Zucker

Für den Krokant den Zucker hellbraun karamelisieren. Die Mandeln und die Pinienkerne dazugeben und kurz mitrösten. Die Mischung auf eine bebutterte Alufolie verteilen. Den Kuchenteig wie beschrieben zubereiten.

Eine Spring- oder Pieform mit Butter ausstreichen, mit Mehl ausstäuben und die Hälfte des Teigs in die Form geben. Gleichmäßig dick am Boden und an den Seiten andrücken. Nach und nach mit dem restlichen Teig den Vorgang wiederholen.

Für die Füllung die Gelatine in kaltem Wasser einweichen. Gelatine mit dem Wasser in eine Schüssel geben und über dem heißen Wasserbad schmelzen.

Eigelbe, Milch und die Erdnußcreme dazugeben und über dem heißen Wasserbad cremig rühren. Vom Wasserbad nehmen und erkalten lassen.

Die Eiweiße zu steifem Schnee schlagen. Nach und nach die Crème double darunterrühren. Unter die Erdnuß-Eigelb-Creme mischen und in die Form füllen. Zugedeckt im Kühlschrank in mindestens vier Stunden fest werden lassen. Vor dem Servieren den Krokant mittelfein hacken und über die Pie streuen.

Pecannuß-Schokoladen-Pie mit Rum

100 g Zartbitter-Schokolade · 1 EL Butter

250 ml leichter Ahornsirup · 170 g brauner Zucker

4 Eier · 1 Prise Salz · 1 TL Zimtpulver · 50 ml dunkler Rum

1 TL Erdnußcreme · 1 Vanilleschote

200 g Pecannüsse, grob gehackt · 1 TL Butter

1 EL Mehl · 150 g Mürbeteig (siehe Grundrezepte)

Die Schokolade grob hacken und zusammen mit der Butter über einem Wasserbad schmelzen. Den Sirup und den Zucker in einen Topf geben und aufkochen. So lange köcheln lassen, bis der Zucker vollständig geschmolzen ist. Erkalten lassen.

Die Eier schaumig rühren. Salz, Zimt, Rum, Erdnußcreme und das ausgekratzte Mark der Vanilleschote darunterrühren. Nach und nach den Schokoladensirup und die Pecannüsse daruntermengen.

Eine Pie- oder Springform mit Butter ausstreichen und mit Mehl ausstäuben. Den Teig 2 mm dünn ausrollen und in die Form legen. Gut andrücken und mit einer Gabel einstechen.

Die Form für mindestens 1 Stunde in den Kühlschrank, noch besser in das Gefriergerät legen. Herausnehmen und die Schokoladen-Nuß-Creme hineinfüllen. Im auf 180 Grad vorgeheizten Ofen 50–60 Minuten backen.

Rhabarber-Pie mit Haferflockenkruste

150 g Mürbeteig (s. S. 167) · 1 TL Butter · 1 EL Mehl

800 g Rhabarber · 50 ml Wasser · 2 EL Mehl

190 g Zucker

Für die Kruste:

60 g Butter · 120 g Zucker · 1/2 TL Zimtpulver

2 TL Honig · 60 g Mehl · 60 g Haferflocken

Den Teig 2 mm dünn ausrollen. Eine Spring- oder Pieform mit Butter ausstreichen, mit Mehl ausstäuben und den Teig in die Form legen. Gut andrücken und mit einer Gabel gleichmäßig einstechen.

Den Rhabarber putzen, waschen und in etwa 3 cm lange Stücke schneiden. Mit dem Wasser in einen Topf geben und aufkochen. Vom Herd ziehen. Das Mehl mit dem Zucker in einer Schüssel mischen und die abgetropften Rhabarberstücke dazugeben. Gut vermengen.

Für die Kruste Butter, Zucker, Zimt und Honig schaumig schlagen. Das Mehl und die Haferflocken hinzufügen und gut verrühren. Die Rhabarbermasse in die Pieform füllen, mit der Kruste bestreuen und die Pie im auf 190 Grad vorgeheizten Ofen 40–45 Minuten goldbraun backen. Aus dem Ofen nehmen und nach Belieben mit Vanille- oder Zimteis servieren.

Pfirsichtarte mit Ingwer

220 g Mürbeteig (siehe Grundrezepte)

10 g Butter · 10 g Mehl

Hülsenfrüchte zum Blindbacken

Für den Belag:

10 Pfirsiche, in Spalten geschnitten · $1/2$ TL Ingwerpulver

1 Eiweiß, zu Schnee geschlagen · 100 g Zucker

40 g Mehl · 1 Ei, verquirlt, zum Bestreichen

Die Hälfte vom Teig 2 mm dünn ausrollen. Eine Pie- oder Springform mit Butter ausstreichen und mit Mehl ausstäuben. Den Teig hineinlegen, gut andrücken und den Boden mit der Gabel einstechen. Mit Hülsenfrüchten auslegen und im auf 180 Grad vorgeheizten Ofen 15 Minuten blind backen. Erkalten lassen und die Hülsenfrüchte entfernen.

Die Pfirsiche in eine Schüssel geben. Den Ingwer, den Eischnee, Zucker und Mehl darunterheben. In die Form füllen und gleichmäßig darin verteilen.

Den restlichen Teig dünn ausrollen, in Streifen schneiden und gitterförmig auf die Tarte legen. Den Rand gut andrücken, Rand und Gitter mit dem Ei bestreichen. Im auf 180 Grad vorgeheizten Ofen 25–30 Minuten backen. Aus dem Ofen nehmen, erkalten lassen und in Stücke schneiden.

Apple-Blackberry-Crisp

10 Äpfel, geschält und in Spalten geschnitten

100 g brauner Zucker · $1/2$ TL Ingwerpulver

2 TL Zimtpulver · 400 g Brombeeren

Für den Teig:

50 g Butter · 90 g brauner Zucker · 1 TL Zimtpulver

1 TL Ingwerpulver · 250 g Mehl

Die Apfelspalten mit Zucker, Ingwer, Zimt und Brombeeren in einer Schüssel mischen.

Für den Teig die Butter cremig rühren, den Zucker, Zimt und Ingwer hinzufügen und alles gut verrühren. Nach und nach mit dem Mehl zu einem lockeren Teig verarbeiten.

Die Apfel-Brombeer-Mischung in einer Pie- oder Gratinform verteilen. In den auf 180 Grad vorgeheizten Ofen stellen und 20 Minuten garen. Herausnehmen, etwas abkühlen lassen und den Teig in kleinen Flöckchen auf der Oberfläche verteilen. Weitere 30–40 Minuten backen, bis die Oberfläche schön knusprig ist. Dazu paßt ganz ausgezeichnet Zimt-Eis.

Karottenkuchen mit Buttermilch

300 g Mehl · 4 TL Backpulver · 2 TL Zimtpulver · 1/2 TL Salz

1/2 TL Lebkuchengewürz · 2 große Eier · 2 Eigelb

180 ml Sonnenblumenöl · 180 g Zucker

200 g brauner Zucker · 130 ml Buttermilch

400 g Karotten, fein geraspelt

100 g Haselnüsse, gemahlen · 2 Eiweiß

Für die Glasur:

180 g Doppelrahm-Frischkäse · 50 g Puderzucker

20 g Butter · 1/2 TL Vanilleessenz

Außerdem:

Butter und Mehl für die Form

Mehl, Backpulver, Zimt, Salz und Lebkuchengewürz in einer Schüssel mischen. Eier, Eigelbe, Öl, beide Zuckersorten und Buttermilch in einer zweiten Schüssel schaumig schlagen. Die Mehlmischung nach und nach unter die Eimasse rühren.

Die geraspelten Karotten in ein Küchentuch geben und etwas ausdrücken. Dann mit den Haselnüssen unter den Teig arbeiten. Die Eiweiße zu steifem Schnee schlagen und zuletzt unter die Karottenmasse heben.

Eine Springform mit Butter ausstreichen, mit Mehl ausstäuben, die Karottenmasse hineinfüllen und gleichmäßig darin verteilen. Im auf 180 Grad vorgeheizten Ofen 40–45 Minuten backen. Aus dem Ofen nehmen und in der Form erkalten lassen. Lauwarm aus der Form nehmen und auf einem Kuchengitter vollständig auskühlen lassen.

Für die Glasur den Frischkäse mit dem Zucker, der Butter und der Vanilleessenz cremig rühren. Den Kuchen mit der Glasur bestreichen und mindestens 1 Stunde durchziehen lassen.

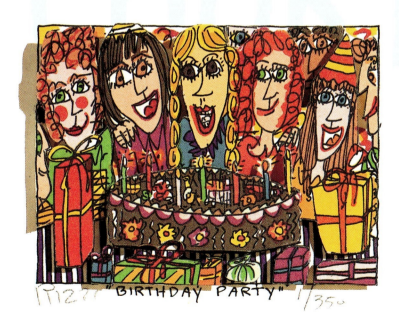

Lemon-Cheesecake

1 EL Butter · 1 EL Mehl

160 g Mürbeteig (siehe Grundrezepte)

Hülsenfrüchte zum Blindbacken

1 kg Doppelrahm-Frischkäse · 250 g Zucker

4 TL Zitronensaft · 3 TL abgeriebene Zitronenschale

250 g Crème double · 2 Blatt Gelatine · 1 EL Wasser

Eine Springform mit Butter ausstreichen und mit Mehl ausstäuben. Den Teig 2 mm dünn ausrollen, in die Form legen, gut andrücken und mit einer Gabel einstechen.

Hülsenfrüchte in die Form geben und den Teig 20 Minuten im auf 190 Grad vorgeheizten Ofen backen. Aus dem Ofen nehmen und erkalten lassen. Die Hülsenfrüchte entfernen.

Den Frischkäse, Zucker, Zitronensaft und Schale sowie 100 g Crème double mit einem Schneebesen cremig rühren. Die Gelatine einige Minuten in kaltem Wasser einweichen. Aus dem Wasser nehmen, ausdrücken und zusammen mit dem 1 Eßlöffel Wasser in einem kleinen Topf schmelzen lassen. Die restliche Crème double darunterrühren, dann unter die Käsemasse mischen.

Die Zitronen-Käse-Masse in die Bodenkruste füllen und zugedeckt im Kühlschrank über Nacht fest werden lassen. Nach Belieben mit kandierten Zitronenscheiben oder exotischen Früchten garnieren.

Lemontart

80 g Butter · 120 g Zucker

abgeriebene Schale von 1 Zitrone · 1 Prise Salz

1 Ei, verquirlt · 240 g Mehl · 1 TL Butter · 1 EL Mehl

Für die Füllung:

Saft und Schale von 3 Zitronen

Saft und Schale von 1 Orange · 3 Eier, verquirlt

1 Eigelb · 150 g Zucker · 150 g Crème double

400 g Himbeeren · 50 g Zucker · 1 TL Himbeergeist

Außerdem:

200 g Himbeeren zum Garnieren

8 Pfefferminzblättchen · Puderzucker zum Bestäuben

Für den Teig die Butter und den Zucker cremig verrühren. Zitronenschale, Salz und Ei unter die Buttermischung rühren. Nach und nach das Mehl dazugeben und alles rasch zu einem glatten Teig kneten. 2 Stunden in den Kühlschrank stellen.

Eine Pie- oder Tarteform mit Butter ausstreichen, mit Mehl ausstäuben. Den Teig 2 mm dünn ausrollen und in die Form legen, gut andrücken und den Boden mit der Gabel einstechen. Die Form für 30 Minuten in den Kühlschrank stellen. Den Tarteboden mit Hülsenfrüchten auslegen und im auf 180 Grad vorgeheizten Ofen 15 Minuten blind backen. Aus dem Ofen nehmen und erkalten lassen.

Für die Füllung Zitrussaft und Schalen, Eier, Eigelb, Zucker und Crème double in einer Schüssel kräftig verrühren. In die Form gießen und die Tarte im auf 180 Grad vorgeheizten Ofen 40–45 Minuten backen. Aus dem Ofen nehmen und erkalten lassen.

Die Himbeeren mit dem Zucker fein pürieren und durch ein Sieb passieren. Mit Himbeergeist abschmecken. Die Tarte in 8 Stücke schneiden, mit Puderzucker bestäuben und mit Himbeeren und -sauce servieren. Jeweils mit einem Pfefferminzblatt garnieren.

"TEA PARTY"

RIZZI

Tiramisu

180 g Zucker · 60 ml Marsala · 800 g Mascarpone

180 g Crème double · 150 ml Espresso

150 g Löffelbiskuits · Kakaopulver zum Bestreuen

Die Hälfte des Zuckers, den Marsala, den Mascarpone und die Crème double in eine Schüssel geben und mit dem Handrührgerät cremig rühren.

Den Espresso mit dem restlichen Zucker aufkochen und erkalten lassen. Eine Gratin- oder Glasform mit einer Lage Biskuits auslegen, die Hälfte vom Espresso darübergießen.

Nun die Hälfte der Mascarponecreme daraufstreichen und diese wieder mit Biskuits abdecken. Den restlichen Espresso darübergießen, dann die restliche Creme daraufstreichen. Mit Kakaopulver bestäuben und das Tiramisu mindestens 2 Stunden in den Kühlschrank stellen.

Crème Brûlée mit Mango und Kokosnuß

¹/₄ l Sahne · 60 g Kokosraspel · 1 Mango

50 ml brauner Rum · 4 Eigelb

50 g brauner Zucker · 30 g Zucker

Außerdem:

Puderzucker zum Bestreuen

Pfefferminzblättchen zum Garnieren

Die Sahne und die Kokosraspel in einen Topf geben und aufkochen. 10 Minuten ziehen lassen. Dann die Flüssigkeit durch ein Sieb in eine Schüssel gießen. Kokosraspel gut ausdrücken und die Flüssigkeit erkalten lassen.

Die Mango schälen, das Fruchtfleisch vom Stein schneiden und klein würfeln. Das Fruchtfleisch in eine Schüssel geben und mit dem Rum übergießen.

Die Eigelbe mit dem braunem Zucker in eine Schüssel geben und schaumig rühren. Die Kokossahne dazurühren und alles in 4 Timbaleförmchen verteilen. Die marinierten Mangowürfelchen hineingeben.

Die Förmchen in ein Wasserbad stellen und die Creme im auf 180 Grad vorgeheizten Ofen 40–45 Minuten garen. Aus dem Ofen nehmen und erkalten lassen. Vor dem Servieren die Oberfläche mit dem Zucker bestreuen und diesen unter starker Oberhitze karamelisieren lassen. Jede Creme mit Puderzucker bestreuen und mit einem Blatt Pfefferminze garnieren.

Mandelpudding mit süßer Basilikumsauce

Für den Pudding:

2 Eigelb · 2 Eier · 80 g Zucker · 200 ml Milch

200 ml Sahne · 4–5 Tropfen Mandelessenz

Für die Sauce:

2 Bund Basilikum, fein geschnitten · 40 ml Wasser

100 g Zucker · 200 ml Sahne · 1$^1/_2$ Blatt Gelatine

Außerdem:

100 g Himbeeren · 4 Blättchen Basilikum

Für den Mandelpudding Eigelbe, Eier und Zucker in einer Schüssel kräftig verrühren. Die Milch und die Sahne dazugeben und mit der Mandelessenz aromatisieren.

Die Masse in Timbaleförmchen füllen und in ein tiefes Backblech stellen. Das Blech mit heißem Wasser füllen und in den auf 180 Grad vorgeheizten Ofen stellen. Den Pudding 40–45 Minuten garen. Aus dem Ofen nehmen und erkalten lassen.

Für die Basilikumsauce das Basilikum mit Wasser und Zucker im Mixer fein pürieren. Die Sahne dazugießen und gut verrühren. Die Gelatine in kaltem Wasser einweichen. Ausdrücken und mit wenig Wasser in ein Töpfchen geben und bei mäßiger Hitze schmelzen.

Die aufgelöste Gelatine unter kräftigem Rühren zu der Basilikumsauce geben. Im Kühlschrank mindestens in 2 Stunden fest werden lassen. Vor der Verwendung nochmals kräftig durchrühren.

Die Puddinge aus den Förmchen lösen und auf die Tellermitte stürzen. Mit der Basilikumsauce umgießen. Mit den Himbeeren und jeweils einem Basilikumblatt garnieren.

Panna Cotta

Zutaten für 6 Personen:

125 g Zucker · 2 EL Wasser · 1 TL Zitronensaft

3 Blatt Gelatine · 125 ml süße Kondensmilch

650 ml Sahne

Zucker, Wasser und Zitronensaft in einem kleinen Topf aufkochen. Bei schwacher Hitze so lange kochen, bis sich ein hellbrauner Karamel bildet. Den Karamel in eine Kastenform oder Souffléform gießen.

Die Gelatine ein paar Minuten in kaltem Wasser einweichen. In einem Topf die Kondensmilch und die Sahne vorsichtig erhitzen, aber nicht kochen.

Die Gelatine aus dem Wasser nehmen, etwas ausdrücken und in der heißen Milch-Sahne schmelzen lassen, dabei öfters umrühren.

Die Flüssigkeit durch ein Sieb passieren und in die vorbereitete Form füllen. Mit Klarsichtfolie abdecken und mindestens 5–6 Stunden kühl stellen.

Tip: Nehmen Sie die Panna Cotta 30 Minuten vor dem Servieren aus dem Kühlschrank, und reichen Sie frische Früchte oder Fruchtmark dazu.

Geröstetes Bananen-kompott mit Ingwereis

Für das Ingwereis:

4 Eigelb · 100 g Zucker · 200 ml Milch · 100 ml Sahne

6 cm Ingwerwurzel, gerieben · 6 reife Bananen

50 g Zucker · 100 ml Orangensaft · Saft von 1 Zitrone

1 Prise Salz · 2 EL dunkler Rum · 5 EL Ahornsirup

40 g Butter

Außerdem:

40 g Pecannüsse · 2 EL Erdnüsse

Für das Eis die Eigelbe mit dem Zucker schaumig rühren. Die Milch und die Sahne in einem Topf aufkochen und den Ingwer hinzufügen. Die heiße Flüssigkeit unter Rühren zu der Eimasse geben. Zurück in den Topf gießen und bei schwacher Hitze unter ständigem Rühren so lange kochen, bis die Creme eine Rose bildet. Erkalten lassen und in der Eismaschine gefrieren.

Die Bananen schälen, in etwa 3 cm große Stücke schneiden. Den Zucker hellbraun karamelisieren, die Bananenstücke hinzufügen und mit dem Orangen- und Zitronensaft ablöschen. Salz, Rum und Ahornsirup dazugeben und die Butter in Stückchen mit dem Schneebesen darunterschlagen.

Die warmen Bananen in 4 tiefe Teller anrichten und jeweils 1 Kugel Ingwereis dazu arrangieren. Mit den Erd- und Pecannüssen bestreuen.

Ananassuppe mit Kokoseis & Sesam

Für das Kokoseis:

150 ml Milch · 150 ml Sahne

$1/4$ l Kokosmilch, aus der Dose · 40 g Zucker · 3 Eigelb

Für die Ananassuppe:

2 reife Ananas · 80 g Zucker · 100 g Crème double

Außerdem:

4 Pfefferminzblättchen · 2 TL Sesamkörner

Für das Kokoseis die Milch, die Sahne und die Kokosmilch in einem Topf aufkochen. Den Zucker und die Eigelbe in eine Schüssel geben und schaumig rühren.

Die heiße Flüssigkeit unter Rühren zu der Eimasse gießen. Zurück in den Topf geben und bei schwacher Hitze unter ständigem Rühren so lange kochen, bis die Creme eine Rose bildet. Erkalten lassen und in der Eismaschine gefrieren.

Für die Ananassuppe die beiden Ananas schälen, dabei alle »Augen« entfernen und den Strunk weg-schneiden. Das Fruchtfleisch kleinschneiden und im Mixer fein pürieren. Zucker und Crème double da-zugeben.

Die Ananassuppe in tiefe Teller anrichten, je 1 Kugel Kokoseis hineinlegen und mit Pfefferminze und Sesam garnieren.

Kürbiseis

4 Eigelb · 80 g Zucker · 1 Vanilleschote · 400 ml Milch
200 ml Sahne · 1/4 TL Salz · 1/2 TL Zimtpulver
1/2 TL Ingwerpulver · 1/2 TL Lebkuchengewürz
250 g Kürbispüree (siehe Seite 143)

Die Eigelbe und den Zucker mit dem Schneebesen in einer Schüssel schaumig rühren. Die Vanilleschote längs aufschneiden, das Mark herauskratzen und zusammen mit der Milch und der Sahne in einem Topf aufkochen.

Die heiße Flüssigkeit unter Rühren zu der Eimasse geben und bei schwacher Hitze so lange kochen, bis die Creme eine Rose bildet. Das Salz und die Gewürze beigeben und gut verrühren. Erkalten lassen und das Kürbispüree daruntermengen. In der Eismaschine gefrieren lassen.

Tip: Streuen Sie geröstete Nüsse über das Eis und reichen Sie eine heiße Schokoladen- oder Karamelsauce dazu.

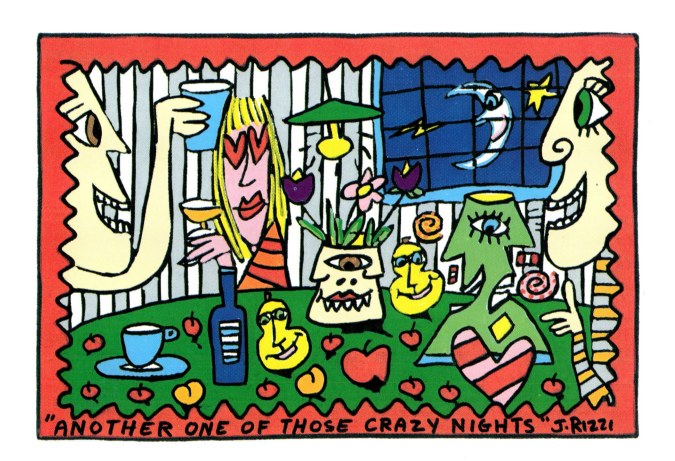

"ANOTHER ONE OF THOSE CRAZY NIGHTS" J. RIZZI

Ricotta-Mousse mit Himbeeren

Für die Mousse:

500 g Ricotta · 50 ml Milch · 1 Vanilleschote

80 g Zucker · 100 ml Sahne, steif geschlagen

Außerdem:

650 g Himbeeren · 80 g Zucker

80 g Zartbitter-Schokolade · 5 Pfefferminzblättchen

Für die Mousse den Ricotta mit der Milch cremig rühren. Die Vanilleschote längs aufschneiden, das Mark auskratzen und zusammen mit dem Zucker unter die Ricottamasse mengen.

Die geschlagene Sahne unter die Ricottamasse heben und die Mousse zugedeckt 3–4 Stunden im Kühlschrank ruhen lassen.

Von den Himbeeren 400 g abnehmen und diese mit dem Zucker im Mixer fein pürieren. Die Schokolade fein hobeln, die Pfefferminze fein hacken und mit den restlichen Himbeeren vermischen.

Mit einem Eßlöffel Nocken aus der Moussemasse stechen und auf die Teller anrichten. Mit der Himbeersauce umgießen und mit den Schokoladen-Minze-Himbeeren bestreuen.

Margarita-Lime-Mousse

Für die Mousse:

3 Blatt Gelatine · Saft und Schale von 4 Limetten (ersatzweise Zitronen) · 150 g Ricotta · 80 g Zucker

50 ml Tequila · 140 ml Sahne, steif geschlagen

Für die Zitrus-Vinaigrette:

5 Orangen · 3 Grapefruits · 2 Zitronen

60 g kandierte Orangen und Zitronen · 80 g Zucker

2 EL rosa Pfeffer

Außerdem:

40 g Pistazien, grob gehackt

Die Gelatine ein paar Minuten in kaltem Wasser einweichen. Tropfnaß in einen kleinen Topf geben und bei schwacher Hitze schmelzen lassen.

Limettensaft und Schale in eine Schüssel geben. Die aufgelöste Gelatine darunterrühren. Ricotta, Zucker und Tequila hinzufügen und alles zu einer glatten Masse verschlagen.

Die geschlagene Sahne darunterheben und die Mousse in eine Schüssel füllen. Zugedeckt mindestens 5 Stunden im Kühlschrank ruhen lassen.

Für die Zitrus-Vinaigrette die Orangen, Grapefruits und Zitronen so schälen, daß die weißen Häutchen mitentfernt werden. Dann die Fruchtfilets über einer Schüssel auslösen, damit der austretende Saft aufgefangen wird. Die Filets in den Saft legen.

Die kandierten Früchte in kleine Würfel schneiden. Zusammen mit dem Zucker zu den Zitrusfruchtfilets geben. Den rosa Pfeffer zerdrücken und in die Vinaigrette geben.

Das Mousse in Nocken auf die Teller anrichten, die Zitrus-Vinaigrette dazu arrangieren und alles mit den gehackten Pistazien bestreuen.

Gefüllte Pfirsiche mit Amaretti

4 große Pfirsiche · 100 g Himbeeren · 80 g Blaubeeren

2 TL Zucker · 80 g Ricotta · 10 Amaretti

3 Eiweiß, zu steifem Schnee geschlagen

Außerdem:

250 g Himbeeren · 50 g Zucker

Die Pfirsiche und die Beeren waschen. Die Pfirsiche halbieren und die Steine entfernen. Mit der Öffnung nach oben auf ein Backblech legen. Mit den Beeren füllen und mit dem Zucker bestreuen.

Den Ricotta cremig rühren, die Amaretti fein zerbröseln und unter den Eischnee heben. In einen Spritzbeutel geben und die Amaretti-Eischnee-Masse auf die Pfirsiche spritzen. Im auf 220 Grad vorgeheizten Ofen 5–8 Minuten bei starker Oberhitze überbacken.

Die Himbeeren waschen, putzen und zusammen mit 3 EL Wasser und dem Zucker im Mixer fein pürieren. Die gefüllten Pfirsiche aus dem Ofen nehmen und mit dem Himbeerpüree servieren.

Melonensalat mit Minze

3 Honigmelonen · 120 g Himbeeren · 100 g Blaubeeren

100 ml Wasser · 6 EL Honig · 1 Bund Pfefferminze

Die Melonen halbieren, die Kerne entfernen und die Melonen schälen. Das Melonenfleisch in schmale Scheiben schneiden und in eine Schüssel geben. Die Beeren waschen, putzen und zu den Melonen in die Schüssel geben.

Das Wasser in eine kleine Schüssel geben, etwas erhitzen und den Honig darin auflösen. Wieder erkalten lassen. Die Pfefferminze waschen, die Blättchen in feine Streifen schneiden und unter den flüssigen Honig mischen.

Die Flüssigkeit über die Melonen und Beeren gießen und vorsichtig unterheben. Den Salat etwa 1 Stunde marinieren lassen. Nach Belieben mit einem Joghurt-Eis servieren.

159

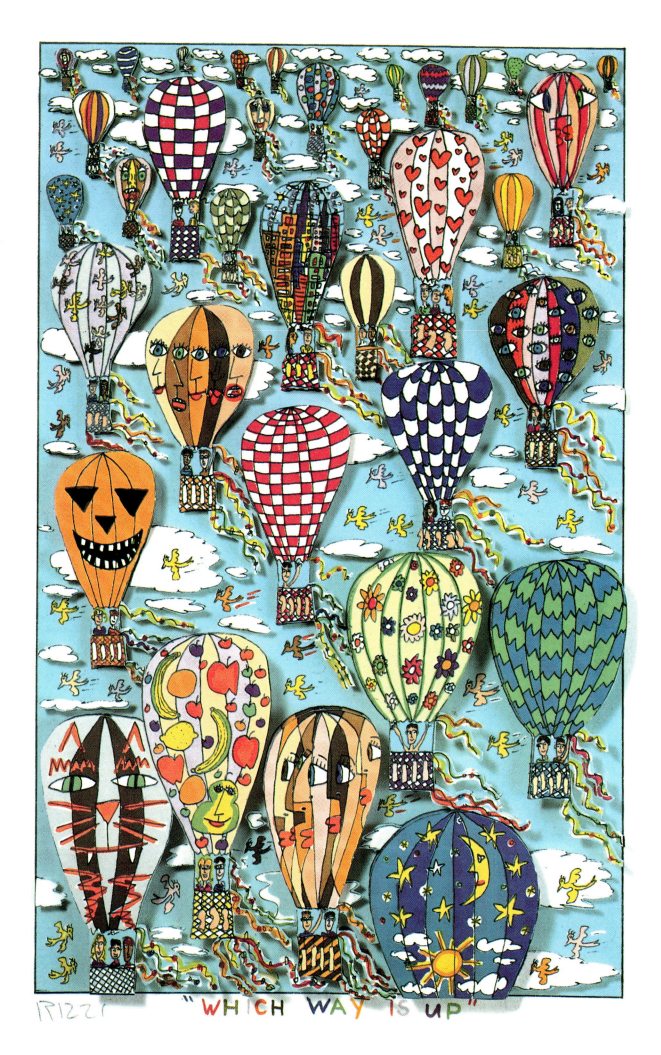

"WHICH WAY IS UP"

Lemon-Cookies

Ergibt etwa 40 Cookies

140 g weiche Butter · 185 g Zucker · 1 Prise Salz

1/2 Vanilleschote · 1 Ei · 1 TL Zitronensaft

2 1/2 TL abgeriebene Zitronenschale · 160 g Mehl

1 TL Backpulver · 2 Prisen Muskatnuß · 120 g Rosinen

Außerdem:

Mehl für das Blech

Die Butter mit dem Zucker und dem Salz schaumig rühren. Die Vanilleschote aufschneiden, das Mark herauskratzen und zusammen mit dem Ei, dem Zitronensaft und der Schale unter die Buttermischung rühren.

Mehl, Backpulver und Muskatnuß mischen. Mit den Rosinen unter die Buttercreme kneten. Von Hand einen geschmeidigen, weichen Teig formen. Den Teig mindestens 2 Stunden kühl ruhen lassen.

Aus dem Teig walnußgroße Kugeln formen und diese mit genügend großem Abstand auf ein bemehltes Backblech legen. Im auf 180 Grad vorgeheizten Ofen 7–8 Minuten backen. Die Cookies müssen innen noch weich sein.

Chocolate & Cinnamon Rugelach

Ergibt etwa 40 Stück

Für den Teig:

280 g Butter · 240 g Doppelrahm-Frischkäse

1/4 TL Salz · 320 g Mehl

Für die Füllung:

220 g Zartbitter-Schokolade · 80 g Zucker · 1 EL Zimtpulver

80 g Butter · 220 g Rosinen

Für die Glasur:

1 Eiweiß · 1 TL Wasser · 50 g Zucker · 1 TL Zimtpulver

Für den Teig die Butter und den Frischkäse cremig rühren, das Salz und das Mehl dazugeben und alles zu einem glatten Teig kneten. Diesen 12 Stunden im Kühlschrank ruhen lassen.

Die Schokolade grob hacken. Den Zucker und den Zimt vermischen. Den Teig 1–2 mm dünn ausrollen und in Dreiecke von 8–10 cm Seitenlänge schneiden.

Die Teigdreiecke mit flüssiger Butter bestreichen. Mit Zimtzucker, Schokolade und den Rosinen bestreuen. Die Dreiecke kipferlförmig aufrollen und auf ein bemehltes Backblech legen.

Für die Glasur das Eiweiß mit dem Wasser verrühren und die Kipferl damit bestreichen. Zucker und Zimt mischen und über die Kipferl streuen. Im auf 180 Grad vorgeheizten Ofen in 15 Minuten goldbraun backen.

Caramel-Apfel-Cookies

Ergibt etwa 40 Cookies

Für den Teig:

140 g Haferflocken · 220 g Mehl · 1/4 TL Salz

1 TL Backpulver · 120 g Butter · 220 g brauner Zucker

1 Vanilleschote · 2 EL Milch · 1 großes Ei

250 g Äpfel · 160 g getrocknete Apfelringe

Für die Glasur:

120 g Zucker · 40 ml Sahne · 3 EL Ahornsirup

Außerdem:

Backpapier oder Butter und Mehl für das Blech

Haferflocken, Mehl, Salz und Backpulver in einer Schüssel vermischen. Die Butter kleinschneiden, etwas erwärmen und mit dem Zucker schaumig rühren. Die Vanilleschote längs aufschneiden und das Mark herauskratzen. Milch, Ei und Vanillemark mit dem Handrührgerät unter die Buttercreme rühren.

Die Äpfel schälen, vom Kerngehäuse befreien und in kleine Würfel schneiden. Die Apfelringe kleinschneiden und mit den frischen Äpfeln zu der Buttermasse geben. Die Haferflocken-Mehl-Mischung eßlöffelweise unter die Butter-Apfel-Masse rühren.

Ein Backblech mit Backpapier auslegen oder mit Butter bestreichen und mit Mehl bestäuben. Mit einem Eßlöffel walnußgroße Nocken vom Teig abstechen und diese im Abstand von etwa 4 cm auf das Backblech legen. Die Cookies im auf 180 Grad vorgeheizten Ofen 12–15 Minuten backen.

Für die Glasur den Zucker in einem Topf karamelisieren. Mit der Sahne und dem Ahornsirup ablöschen. Nochmals aufkochen und auskühlen lassen. Den Karamel über die Cookies träufeln und auskühlen lassen.

Zimt-Nuß-Cookies

Ergibt etwa 40 Cookies

140 g Butter · 180 g Zucker · 1 Prise Salz · 1 Ei

1 1/2 TL Zimtpulver · 1 Prise Muskatnuß · 160 g Mehl

1 TL Backpulver · 60 g Walnüsse, fein gehackt

Außerdem:

Mehl für das Blech

Die Butter mit dem Zucker und dem Salz schaumig schlagen. Das verquirlte Ei mit dem Zimt und dem Muskat darunterrühren.

Das Mehl mit dem Backpulver und den Nüssen vermischen und zusammen mit der Buttercreme zu einem glatten, weichen Teig kneten.

Den Teig mindestens 2 Stunden im Kühlschrank ruhen lassen. Dann walnußgroße Kugeln daraus formen und in genügend großem Abstand auf ein bemehltes Backblech legen. Im auf 180 Grad vorgeheizten Ofen 7–8 Minuten backen.

162

Chocolate-Chip-Cookies

Ergibt etwa 40 Cookies

140 g Butter · 120 g Zucker · 1 Prise Salz

1 Vanilleschote · 1 Ei, verquirlt · 180 g Mehl

1 TL Backpulver · 80 g Vollmilch-Schokolade, grob gehackt

80 g Zartbitter-Schokolade, grob gehackt

Außerdem:

Mehl für das Blech

Die Butter mit dem Zucker und dem Salz schaumig rühren. Die Vanilleschote längs aufschneiden, das Mark herauskratzen und zusammen mit dem verquirlten Ei unter die Buttercreme mengen.

Das Mehl und das Backpulver vermischen und zusammen mit der Schokolade unter die Buttercreme mengen. Alles zu einem glatten, weichen Teig kneten und zugedeckt mindestens 2 Stunden kühl ruhen lassen.

Vom Teig walnußgroße Kugeln formen und diese in genügend großem Abstand auf ein bemehltes Backblech legen. Im auf 180 Grad vorgeheizten Ofen 7–8 Minuten backen.

Chocolate-Macadamia-Cookies

Ergibt etwa 40 Cookies

140 g Butter · 100 g Zucker · 1 Prise Salz

1 Vanilleschote · 1 Ei · 1 TL Zimtpulver

100 g Schokolade, grob gehackt · 180 g Mehl

1 TL Backpulver · 80 g Macadamianüsse · 80 g Rosinen

Außerdem:

Mehl für das Backblech

Die Butter mit dem Zucker und dem Salz schaumig rühren. Die Vanilleschote längs aufschneiden, das Mark herauskratzen und mit dem Ei, dem Zimt und der Schokolade unter die Buttermischung mengen.

Das Mehl und das Backpulver vermischen. Zusammen mit den gehackten Macadamianüssen und Rosinen sowie der Buttercreme zu einem glatten, weichen Teig kneten. Zugedeckt mindestens 2 Stunden in den Kühlschrank stellen.

Aus dem Teig walnußgroße Kugeln formen. Auf ein bemehltes Backblech setzen und im auf 180 Grad vorgeheizten Ofen 7–8 Minuten backen.

Fudge Brownies

140 g Zartbitter-Schokolade · 180 g Butter · 4 Eier

400 g Zucker · 1 Vanilleschote · 160 g Mehl

140 g geschälte Mandeln, fein gehackt

$\frac{1}{2}$ TL Zimtpulver · $\frac{1}{2}$ TL Backpulver · $\frac{1}{2}$ TL Salz

Außerdem:

Butter und Mehl für die Form · Puderzucker zum Bestäuben

Die Schokolade fein hacken, in eine Schüssel geben und über dem heißen Wasserbad schmelzen. Die Butter hinzufügen und alles glattrühren. Die Schüssel vom Wasserbad wegziehen und die Schokoladenbutter abkühlen lassen.

Die Eier mit dem Zucker in einer Schüssel cremig luftig rühren und zu der Schokoladenbutter geben. Die Vanilleschote längs aufschneiden, das Mark herauskratzen und zusammen mit dem Mehl, den Mandeln, Zimt, Backpulver und Salz zu der Ei-Schokoladencreme geben.

Ein rechteckiges, tiefes Backblech mit Butter ausstreichen und mit Mehl ausstäuben. Den Teig etwa 2 cm hoch in die Form füllen und im auf 180 Grad vorgeheizten Ofen 25–30 Minuten backen. Die Konsistenz darf noch etwas weich und teigig sein. Etwas erkalten lassen, in Quadrate oder Rechtecke schneiden und mit Puderzucker bestäuben.

GIVE ME A TIP

Schokoladen-Minz-Brownies

Für etwa 25 Brownies

130 g Zartbitter-Schokolade · 120 g Butter

2 Vanilleschoten · 300 g Zucker

1 TL Pfefferminzessenz (japanisches Minzöl)

$\frac{1}{4}$ TL Salz · 3 Eier, verquirlt · 130 g Mehl

Für die Glasur:

40 g Butter · 1 EL Milch · 2 TL Pfefferminzessenz

120 g Puderzucker

Außerdem: Butter und Alufolie für die Form

Die Schokolade und die Butter in eine Schüssel geben und über dem heißen Wasserbad schmelzen.

Die Vanilleschoten längs aufschneiden, das Mark herauskratzen und zusammen mit dem Zucker, der Minzessenz und dem Salz in eine Schüssel geben.

Die Mischung zu der Schokoladenmasse geben und nach und nach die verquirlten Eier darunterrühren. Zuletzt das gesiebte Mehl hinzufügen und alles zu einem glatten Teig verarbeiten.

Ein rechteckiges, tiefes Backblech mit Alufolie auslegen, mit Butter bestreichen und die Browniesmasse hineinfüllen. Im auf 170 Grad vorgeheizten Ofen 35–40 Minuten backen. Aus dem Ofen nehmen und erkalten lassen. Aus der Form stürzen und die Folie entfernen.

Für die Glasur die weiche Butter mit der Milch, der Pfefferminzessenz und dem Zucker vermengen. Die Glasur auf der Browniefläche verteilen und erkalten lassen. In rechteckige oder quadratische Stücke schneiden.

Grundrezepte

Guacamole

3 große, weiche Avocados · 1 Tomate · 1 Chilischote

1 kleine Zwiebel, fein gehackt

3 Knoblauchzehen, fein gehackt · Salz

Saft von 3 Zitronen

Die Avocados schälen, halbieren, die Kerne entfernen und das Fruchtfleisch mit einer Gabel zerdrücken.

Die Tomate oben kreuzweise einschneiden, für 15 Sekunden in kochendes Wasser tauchen, kalt abschrecken und häuten. Die Tomate halbieren, entkernen und das Tomatenfleisch in Würfel schneiden.

Die Chilischote für 2 Minuten in kochendes Wasser tauchen, abschrecken, aufschneiden, entkernen und fein hacken. Tomaten, Chili, Zwiebeln und Knoblauch zum Avocadopüree geben, untermischen und alles mit Salz und Zitronensaft würzen.

Dicke Tomatensauce

4 EL Olivenöl · 2 Zwiebeln, fein gehackt

3 Knoblauchzehen, durch die Presse gedrückt

10 Tomaten, gewürfelt · 1/2 TL Zucker

2 Salbeiblätter, gehackt · 1 Bund Basilikum, gehackt

Salz und schwarzer Pfeffer aus der Mühle

Das Öl erhitzen und die Zwiebeln und den Knoblauch darin goldgelb andünsten. Die Tomaten, Zucker und die Kräuter dazugeben und alles aufkochen. Die Tomatenmischung bei schwacher Hitze zu einer dicken Sauce einkochen und mit Salz und Pfeffer pikant würzen.

Tortilla

500 g Mehl · 1 1/2 TL Salz · 1 1/2 TL Backpulver

200 ml kaltes Wasser · 1 EL Olivenöl

Mehl, Salz und Backpulver in einer Schüssel gut vermischen und eine Mulde in die Mitte drücken. Öl und Wasser hineingeben. Nach und nach das Mehl darunterarbeiten und alles zu einem glatten, festen Teig kneten. Diesen 1 Stunde ruhen lassen und dann zu kleineren Kugeln formen. Die Größe der Kugeln bestimmt den Durchmesser der Tortillafladen.

Jede Kugel zwischen Klarsichtfolie zu einem dünnen Fladen ausrollen. Es gibt auch spezielle Tortillapressen, die das etwas mühsame Ausrollen ersparen. Die Tortillas in einer schweren Pfanne in sehr heißem Öl braten. Nach 30–60 Sekunden sind sie weich und biegsam, nach 2–3 Minuten hart und knusprig.

Tip: Tortillas selber herzustellen ist sehr mühsam. Sie bekommen sie mittlerweile auch in Supermärkten.

Nudelteig

450 g Mehl · 4 Eier · 4 EL Olivenöl · 1/2 TL Salz

Das Mehl auf die Arbeitsfläche sieben und in die Mitte eine Mulde drücken. Die Eier verquirlen, Öl und Salz darunterschlagen. Die Eier-Öl-Mischung nach und nach in die Mulde gießen und das Mehl dabei unterarbeiten.

Den Teig so lange durchkneten, bis er geschmeidig und glatt ist. In ein feuchtes Tuch wickeln und mindestens 1 Stunde ruhen lassen.

Refried Beans

500 g getrocknete schwarze Bohnen · 3 l Wasser

2 Zwiebeln, gehackt · 80 g Speck · 2 TL Salz

2 Zweige Koriander · 2 Chilischoten, entkernt und gehackt

100 ml Olivenöl

2 Knoblauchzehen, durch die Presse gedrückt

Pfeffer aus der Mühle · 80 g Fetakäse, grob gerieben

Die Bohnen über Nacht in kaltem Wasser einweichen. Das Einweichwasser abschütten, die Bohnen in kaltem Wasser durchspülen und in einen Topf geben. Wasser, die Hälfte der Zwiebeln und Speck hinzufügen und alles zum Kochen bringen.

Die Bohnen bei schwacher Hitze etwa 2 Stunden köcheln lassen. Mit Salz, Koriander sowie Chili würzen und weitere 15–20 Minuten köcheln lassen.

In einer tiefen Pfanne das Öl erhitzen. Den Knoblauch und die restlichen Zwiebelstückchen darin andünsten. Die Bohnen dazugeben und im Öl anrösten. Mit einem Kochlöffel die Bohnen grob zerdrücken und aufkochen. Mit Salz und Pfeffer würzen und zum Schluß den Käse darunterrühren.

Mürbeteig

(Geriebener Kuchenteig)

400 g Mehl · 200 g Butter · 130 g Puderzucker

1 Messerspitze Salz · 1 Eigelb · 2 EL Milch

Die Butter in kleine Würfel schneiden und zusammen mit dem Mehl in eine Schüssel geben. Butter und Mehl mit den Handflächen fein verreiben und die restlichen Zutaten beigeben. Rasch zu einem glatten Teig kneten und für 30 Minuten im Kühlschrank ruhen lassen.

Basilikum-Nudelteig

2 Bund Basilikum · 4 EL Olivenöl · 3 Eier

$1/2$ TL Salz · 450 g Mehl

Basilikum waschen, trockenschwenken und die Blättchen von den Stielen zupfen. Diese mit dem Öl im Mixer fein pürieren. Die Eier und etwas Salz gründlich unter die Basilikumpaste rühren.

Das Mehl auf die Arbeitsfläche sieben und in die Mitte eine Mulde drücken. Die Basilikummischung nach und nach in die Mulde gießen und das Mehl darunterarbeiten.

Den Teig so lange durchkneten, bis er glatt und geschmeidig ist. Mit einem feuchten Tuch zudecken und für mindestens 1 Stunde ruhen lassen.

Pizzateig

1 Pck. Trockenhefe (7 g) · 2 TL Honig

180 ml lauwarmes Wasser · 350 g Mehl

1 TL Salz · 1 EL Olivenöl

In einer kleinen Schüssel die Hefe mit dem Honig und einem Drittel vom Wasser anrühren. In einer zweiten Schüssel Mehl und Salz vermischen, das Öl hinzufügen. Eine Mulde in die Mitte drücken.

Nach und nach die angesetzte Hefe in die Mulde gießen und alles zu einem glatten, geschmeidigen Teig kneten. Den Teig mit einem feuchten Küchentuch zudecken und mindestens 30 Minuten an einem warmen Ort gehen lassen. Nochmals gut durchkneten und weitere 10 Minuten gehen lassen.

Register